द मास्टरी ऑफ
लव

डॉन मिग्युअल रुइज़

द मास्टरी ऑफ लव
संबंधों की कला के लिए व्यावहारिक गाइड

प्रथम आवृत्ती : अप्रैल 2022

रीप्रिंट : जनवरी 2025

प्रकाशक : वॉव पब्लिशिंग्ज् प्रा. लि. पुणे

मुद्रक : ट्रिनिटी अकादमी, फॉर कॉर्पोरेट ट्रेनिंग लि., पुणे

अनुवादक : **रचना भोला यामिनी**

ISBN : 978-93-90607-65-5

The Mastery of Love **इस अंग्रेजी पुस्तक का हिंदी अनुवाद**

The Mastery of Love - Sambandhon ki kala ke liye Vyavharik Guide
by Don Miguel Ruiz

मेरे माता-पिता, मेरे बच्चों, मेरे भाई-बहनों और बाकी परिवार के नाम, जिनके साथ मैं केवल प्रेम से नहीं बल्कि रक्त और पूर्वजों की जड़ों से भी बंधा हूँ।

मेरे आध्यात्मिक परिवार के नाम,

जिनके साथ मैं, हमारे बेशर्त प्रेम, आपसी विश्वास और मास्टरी ऑफ लव पर आधारित परिवार बनाने के निर्णय से बंधा हूँ।

और मेरे मानव परिवार के नाम, जिनके मन इस पुस्तक में समाए प्रेम के लिए उर्वर हैं

प्रेम के ये बीज, आपके जीवन में अंकुरित हों!

आभार

मैं जेनेट मिल्स के लिए अपना आभार प्रकट करना चाहता हूँ, जिन्होंने इस पुस्तक को अपना प्रेम और समर्पण उसी तरह दिया, जैसे कोई माँ अपने बच्चे के लिए करती है।

मैं उन लोगों के प्रति भी आभार प्रकट करना चाहूँगा, जिन्होंने अपना समय और प्रेम देते हुए इस पुस्तक को साकार रूप देने में हमारी सहायता की।

अंत में, मैं उस परमात्मा के लिए आभार प्रकट करता हूँ, जिनकी प्रेरणा और सुंदरता से इस पुस्तक को जीवन मिला।

विषय सूची

नोट : हमने पूरी पुस्तक में विशेष तौर पर पुल्लिंग या स्त्रीलिंग शब्दों का प्रयोग करने के बजाए दोनों का ही प्रयोग किया है ताकि हर जगह केवल पुल्लिंग वाचक का ही प्रयोग न हो।

टॉलटेक प्रेम का कलाकार है,

आत्मा का कलाकार,

कोई ऐसा जो हर पल को रच रहा है

हर क्षण में रच रहा है, सबसे सुंदर कला -

सपने देखने की कला।

यह जीवन केवल एक सपना है, इसके सिवा कुछ नहीं,

और अगर हम कलाकार हैं

तो हम प्रेम से अपने जीवन को रच सकते हैं,

और हमारे सपने कला का मास्टरपीस बन सकते हैं।

द टॉलटेक

हज़ारों वर्ष पहले दक्षिणी मैक्सिको के ज्ञानी स्त्री-पुरुषों को 'टॉलटेक' नाम से पहचाना जाता था। मानव वैज्ञानिकों के अनुसार 'टॉलटेक' इस शब्द का अर्थ संप्रदाय या जाति ऐसा होता है। लेकिन वास्तव में टॉलटेक वैज्ञानिक और कलाकार थे। अपने पूर्वजों द्वारा खोजे गए आध्यात्मिक ज्ञान का संरक्षण और अभ्यास करने के लिए उन्होंने अपने समाज का निर्माण किया।

टॉलटेक के गुरुओं को 'नगुअल' और शिष्यों को 'टिओथीहुआकान' कहा जाता था। मेक्सिको नगर के बाहर पिरामिडों की प्राचीन नगरी में वे रहते थे। उस प्राचीन नगरी में इंसान ईश्वर बनता है, ऐसी उनकी मान्यता थी।

हज़ारों साल बाद, टॉलटेक गुरुओं को विवश किया गया कि वे इस आध्यात्मिक ज्ञान को लोगों के सामने न लाएँ और इसके अस्तित्व को संसार की नज़रों से ओझल ही रखें। कुछ शिष्यों ने इस ज्ञान का गलत तरीके से इस्तेमाल किया इसलिए इसे लोगों से छिपाया गया। बदलते समय के साथ इस आध्यात्मिक ज्ञान की सुरक्षा करना और इसे शुद्ध रखना आवश्यक हो गया था।

सौभाग्यवश, टॉलटेक के गुरुओं ने इस गुप्त आध्यात्मिक ज्ञान को अपनी अगली पीढ़ियों तक पहुँचाना जारी रखा। हालाँकि यह ज्ञान सैंकड़ों वर्षों तक गुमनामी में रहा। अब समय आया है कि यह ज्ञान बदलते युग की आवश्यकता अनुसार नई भाषा में लोगों तक पहुँचे। इसलिए ईगल नाइट वंश के एक गुरु मिगेल एंजल रूईज़ को यह मार्गदर्शन दिया गया कि वे टॉलटेक की शक्तिशाली शिक्षाओं को आज की भाषा में लोगों तक पहुँचाएँ।

टॉलटेक के इस आध्यात्मिक ज्ञान में वे ही बातें बताई गई हैं, जो सदियों से साक्षात्कारी महापुरुषों द्वारा कही गई हैं। टॉलटेक कोई धर्म नहीं है लेकिन यह उन आध्यात्मिक गुरुओं का आदर करता है, जिन्होंने इस धरती पर अपनी शिक्षाएँ दीं। टॉलटेक चेतना के अस्तित्व को स्वीकारता है लेकिन सही मायनों में इस ज्ञान को एक ऐसी जीवनशैली के तौर पर ही लिया जाना चाहिए, जो प्रेम और प्रसन्नता को जीवन का आधार मानती है।

द मास्टर

परिचय

एक समय की बात है। एक मास्टर लोगों की भीड़ से बात कर रहे थे। उनका संदेश इतना अद्‌भुत था कि उनके स्नेह से भरे शब्दों ने सबका दिल जीत लिया। उसी भीड़ में एक ऐसा इंसान भी था, जिसने मास्टर के कहे एक-एक शब्द को सुना। वह बहुत ही विनम्र स्वभाव का उदार इंसान था। वह मास्टर के शब्दों को सुनकर इतना भावुक हुआ कि उसने मास्टर को अपने घर बुलाने का मन बना लिया।

जब मास्टर ने अपनी बात पूरी की, तब वह इंसान मास्टर के पास गया और उनकी आँखों में देखकर बोला, 'मैं जानता हूँ कि आप बहुत व्यस्त रहते हैं और सभी लोग आपका समय चाहते हैं। मैं यह भी जानता हूँ कि आपके पास मेरी बात सुनने तक का समय नहीं है पर मेरे हृदय में आपके लिए अपार स्नेह उमड़ रहा है। मैं आपको अपने घर बुलाना चाहता हूँ। मैं आपके लिए सबसे अच्छा भोजन तैयार करना चाहता हूँ। मैं उम्मीद नहीं रखता कि आप मेरा निमंत्रण स्वीकार लेंगे, पर मैं आपको बुलाना चाहता था।'

मास्टर ने उसे देखते हुए, खूबसूरत सी मुस्कान के साथ कहा, 'सब कुछ तैयार रखो। मैं ज़रूर आऊँगा।' और फिर मास्टर चले गए।

ये शब्द सुनकर उस इंसान के मन का उल्लास दुगना हो गया। वह अपने मास्टर की सेवा करने और उनके लिए अपने प्रेम को प्रकट करने का इंतज़ार नहीं कर पा रहा था। यह उसके जीवन का सबसे महत्वपूर्ण दिन होनेवाला था क्योंकि

मास्टर उसके साथ होंगे। उसने सबसे अच्छा भोजन और शराब खरीदे। इसके साथ ही अपने मास्टर को उपहार में देने के लिए नए वस्त्र भी ले लिए। फिर वह मास्टर के स्वागत की तैयारी के लिए घर चला गया। उसने सारा घर साफ किया। बहुत ही स्वादिष्ट भोजन तैयार किया और मेज़ को सजा दिया। उसका मन बहुत प्रसन्न था क्योंकि मास्टर आने ही वाले थे।

वह बेताबी से उनका इंतज़ार कर रहा था कि बाहर से किसी ने दरवाजा खटखटाया। उसने झट से दरवाजा खोला, पर मास्टर की जगह एक बूढ़ी औरत बाहर खड़ी थी। उसने उस इंसान को देखकर कहा, मुझे बहुत भूख लगी है। क्या तुम मुझे रोटी का टुकड़ा दे सकते हो?

वह इंसान थोड़ा मायूस सा हो गया क्योंकि उसके मास्टर नहीं आए थे। उसने उस औरत को देखकर कहा, 'कृपया मेरे घर में आओ।' उसने औरत को उस जगह पर बिठाया जो उसने मास्टर के लिए तैयार की थी और मास्टर के लिए बना हुआ भोजन उसे करवा दिया। पर वह थोड़ा व्याकुल था। वह चाहता था कि वह औरत अपना भोजन जल्दी समाप्त कर ले। वह औरत उसकी उदारता से भावुक हो गई। उसने भोजन करके उस इंसान को धन्यवाद दिया और लौट गई।

उस इंसान ने अपने मास्टर के लिए मेज़ को दोबारा तैयार किया ही था कि दोबारा किसी ने दरवाजा खटखटाया। इस बार एक अजनबी था, जो सारा रेगिस्तान पार करके पहुँचा था। अजनबी ने उस इंसान के चेहरे को देखकर कहा, 'मैं प्यासा हूँ। क्या पीने के लिए कुछ दे सकते हो?'

वह इंसान इस बार भी थोड़ा मायूस हुआ क्योंकि अब भी मास्टर नहीं आए थे। उसने अजनबी को अंदर आने का न्यौता दिया और उस जगह बिठा दिया जो उसने अपने मास्टर के लिए तैयार की थी। उसने उसे वह शराब पीने के लिए दी, जो मास्टर को पिलाने के लिए लाई थी। जब अजनबी अपनी प्यास बुझाकर चला गया तो उस इंसान ने फिर से अपने मास्टर के लिए सारी तैयारी कर ली।

किसी ने फिर से दरवाजा खटखटाया। जब उस इंसान ने दरवाजा खोला तो एक बच्चा दिखाई दिया। उस बच्चे ने इंसान को देखकर कहा, 'मुझे बहुत सर्दी लग रही है। क्या तुम मुझे शरीर ढकने के लिए कंबल दे सकते हो?'

वह इंसान थोड़ा और मायूस हुआ कि इस बार भी मास्टर नहीं आए थे। उसने बच्चे की आँखों में देखा तो उसके मन में प्यार उमड़ आया। उसने झट से मास्टर को

दिए जानेवाले कपड़े उठाए और उन्हें बच्चे को ओढ़ा दिया। बच्चे ने उसे धन्यवाद कहा और चला गया।

उस इंसान ने फिर से अपने मास्टर के स्वागत की पूरी तैयारी की और फिर इंतज़ार करता रहा। जब उसे लगा कि मास्टर नहीं आनेवाले थे, तो वह निराश हो गया। पर उसने उसी समय मास्टर को क्षमा कर दिया और अपने आपसे कहा, 'मैं जानता था कि मैं इस निर्धन कुटिया में उनके आने की उम्मीद नहीं रख सकता था। हालाँकि उन्होंने फिर भी कहा कि वे आएँगे, अवश्य ही किसी और महत्त्वपूर्ण कार्य में व्यस्त हो गए होंगे। मास्टर भले ही नहीं आए पर कम से कम उन्होंने आने की हामी तो भरी, मेरे दिल की खुशी के लिए इतना ही बहुत है।'

उसने भोजन और शराब को समेटा और सोने चला गया। उस रात उसने सपने में देखा कि मास्टर उसके घर आए हैं। वह इंसान उन्हें देखकर प्रसन्न हुआ पर उसे यह पता नहीं था कि वह सपना देख रहा था। मास्टर आप आ गए, आपने अपना वचन निभाया।

मास्टर ने कहा, 'मैं आ गया, पर मैं तो पहले भी आया था। मैं भूखा था और तुमने मुझे पेटभर भोजन करवाया। मैं प्यासा था और तुमने मुझे पीने के लिए शराब दी। मुझे सर्दी लग रही थी, तुमने शरीर ढकने को वस्त्र दिए। तुमने दूसरों के लिए जो भी किया, वह सब मेरे लिए ही तो था।'

वह इंसान नींद से उठ गया। उसका हृदय प्रसन्नता से लबालब था क्योंकि वह समझ गया था कि मास्टर ने उसे क्या सिखाया था। मास्टर उसे इतना प्यार करते थे कि उन्होंने उसे तीन महत्त्वपूर्ण सबक सिखाने के लिए तीन लोग भेजे। जब आप भूखे को भोजन देते हो, जब आप प्यासे को पानी पिलाते हो, जब आप सर्दी से ठिठुर रहे व्यक्ति को वस्त्र देते हो, तब आप अपने मास्टर को अपना प्यार दे रहे होते हो।

1
घायल मन

शायद आपने इसके बारे में कभी नहीं सोचा, पर कहीं न कहीं? हम सभी मालिक हैं। हम मालिक हैं क्योंकि हमारे पास अपने ही जीवन को रचने और उस पर शासन करने की शक्ति है।

जिस तरह दुनियाभर के समाज और धर्म असंख्य पौराणिक गाथाएँ बनाते हैं, हम अपनी गाथाएँ लिखते हैं। हमारे निजी पुराण शास्त्र में अनेक नायक, खलनायक, देवदूत, दानव, राजा और साधारण मनुष्य बसते हैं। हम अपने मन में एक पूरी जनसंख्या बसा लेते हैं, जिसमें हमारे लिए भी असंख्य व्यक्तित्व होते हैं। फिर हम उस छवि को भी साध लेते हैं, जिसे हम निश्चित हालात में इस्तेमाल करनेवाले हैं। हम अपनी छवियों को दिखानेवाले कलाकार बन जाते हैं। हम अपने आपको जो मानते हैं, उसके ही स्वामी हो जाते हैं। हम जब दूसरे लोगों से मिलते हैं तो उन्हें उसी समय छाँटकर, अपने जीवन में भूमिकाएँ दे देते हैं। हम दूसरों के बारे में जो विश्वास रखते हैं, उसके अनुसार ही उनकी छवि बना लेते हैं और हम अपने आसपास की हर वस्तु या व्यक्ति के लिए ऐसा ही करते हैं।

आपके पास निर्माण की शक्ति है। आपकी शक्ति इतनी मज़बूत है कि आप जो भी सोचते हैं, वही सच हो जाता है। आप खुद को रचते हैं, आप जो स्वयं को मानते हैं, आप वही हैं। आप जो हैं, वह इसलिए हैं क्योंकि आप अपने बारे में ऐसा ही सोचते हैं। आपकी सारी असलियत, आपकी सारी हकीकत, आप जो भी

विश्वास करते हैं, वह आपकी ही रचना है। आपके पास दुनिया के किसी भी दूसरे इंसान जितनी ही शक्ति है। आपमें और किसी दूसरे में अंतर केवल इतना है कि आप अपनी शक्ति का प्रयोग कैसे करते हैं, आप अपनी शक्ति से क्या रचते हैं। हो सकता है कि आप कई चीज़ों में दूसरों की तरह हों, परंतु इस पूरी दुनिया में ऐसा कोई नहीं जो आपकी तरह जीता हो।

आपने आजीवन वही बनने का अभ्यास किया जो आप हैं और आपने इसे अच्छी तरह किया, आप वह बने जो आप अपने बारे में विश्वास रखते थे। आपने अपने ही व्यक्तित्व, अपने ही विश्वासों को साधा; अपनी हर क्रिया और प्रतिक्रिया को साधा। आपने सालों-साल अभ्यास किया और आप जो विश्वास रखते हैं, वही बनने की कला के माहिर हो गए। जब हम एक बार यह देख लेते हैं कि हम सभी सर्जक या स्वामी हैं तो हम यह भी देख सकते हैं कि हमारे पास किस तरह की मास्टरी या प्रवीणता है।

अपने बचपन में हमें किसी से परेशानी होती है तो हम उससे नाराज़ हो जाते थे। कारण चाहे जो भी हो, गुस्सा परेशानी को दूर कर देता; और हमें मनचाहे नतीजे मिल जाते। फिर ऐसा दूसरी बार होता - हम गुस्से से पेश आते - और तब हम जानते थे कि अगर हम गुस्सा होंगे तो परेशानी दूर हो जाएगी। फिर हम अभ्यास पर अभ्यास करते चले गए और गुस्से के मास्टर हो गए।

इसी तरह, हम ईर्ष्या, उदासी, आत्म-अस्वीकृति के भी मास्टर हो जाते हैं। हमारा यह सारा तमाशा और कष्ट अभ्यास की ही देन है। हम अपने साथ एक समझौता कर लेते हैं और उस समझौते का तब तक अभ्यास करते रहते हैं, जब तक हम उसमें पूरी तरह से मास्टरी हासिल नहीं कर लेते। हम जैसे सोचते हैं, जैसे महसूस करते हैं और जिस तरह काम करते हैं, वह सब इतना आम हो जाता है कि हमें इस पर ध्यान देने की भी आवश्यकता नहीं रहती कि हम क्या कर रहे हैं। यह केवल क्रिया-प्रतिक्रिया होती है कि हम एक खास तरह से पेश आते हैं।

प्रेम के मास्टर बनने के लिए, हमें प्रेम का अभ्यास करना होगा। संबंधों की कला भी अपने आपमें एक मास्टरी है और केवल अभ्यास या प्रैक्टिस से ही मास्टरी पाई जा सकती है। यदि आप स्वयं को संबंधों में मास्टर बनना चाहते हैं तो यह आपकी ओर से ही पहली क्रिया करने से जुड़ा है। यह किसी तरह की सोच या ज्ञान से संबंध नहीं रखता। आपको पहला कदम उठाना होगा। बेशक कदम उठाने के लिए हमारे पास थोड़ा ज्ञान और जानकारी होनी चाहिए। हमें इतनी सजगता होनी

चाहिए कि मनुष्य कैसे काम करते हैं।

***

मैं चाहता हूँ, आप कल्पना करें कि आप एक ऐसे ग्रह पर जी रहे हैं, जिस पर हर किसी को त्वचा रोग है। आपके ग्रह पर, पिछले दो या तीन हज़ार वर्षों से लोग इसी रोग से पीड़ित रहे हैं। उनके पूरे शरीर पर घाव हैं, जिनमें संक्रमण हो गया है और अगर उन्हें हाथ लगाया जाए तो उनमें बहुत दर्द होता है। सब लोगों को लगता है कि उनकी त्वचा का यह रोग कोई खास बात नहीं, सबकी चमड़ी ऐसी ही होती है। मेडिकल की किताबों में भी इस रोग को एक सामान्य अवस्था माना गया है।

जब लोग जन्म लेते हैं तो उनके शरीर की चमड़ी ठीक होती है पर तीन या चार साल की आयु तक आते-आते पहला घाव दिखने लगता है। जब तक वे किशोरावस्था में आते हैं, उनका पूरा शरीर घावों से भर जाता है।

क्या आप सोच सकते हैं कि ये लोग आपस में किस तरह पेश आते होंगे? उन्हें एक-दूसरे से अपना संबंध बनाए रखने के लिए, अपने घावों को सहेजना पड़ता होगा। वे एक-दूसरे को छू नहीं सकते क्योंकि उससे दर्द होता है। यदि गलती से कोई किसी को छू ले तो सामनेवाला इतना नाराज़ होता है कि वह भी सामनेवाले को उसी समय छूकर हिसाब बराबर कर लेता है। परंतु फिर भी प्रेम का सहज भाव इतना गहरा है कि आप दूसरों के साथ संबंध बनाए रखने के लिए गहरी कीमत चुकाते हैं।

अब कल्पना करें, एक दिन एक चमत्कार घटता है। आप नींद से उठकर देखते हैं कि आपकी त्वचा पूरी तरह से ठीक हो गई है। अब उस पर घाव नहीं रहे। आप अपनी स्वस्थ त्वचा को छूते हैं तो आपको बहुत ही कमाल का महसूस होता है। क्या आप ऐसे संसार में अपनी स्वस्थ त्वचा की कल्पना कर सकते हैं, जिसमें सभी त्वचा रोगी हैं? आप दूसरों को छू नहीं सकते क्योंकि इससे उन्हें पीड़ा होती है। वे भी आपको नहीं छूते क्योंकि उन्हें लगता है कि ऐसा करने से आपको पीड़ा होगी।

यदि आप इसकी कल्पना कर सकते हैं तो शायद आप यह भी समझ सकते हैं कि अगर किसी दूसरे ग्रह से कोई प्राणी हमसे मिलने आए तो उसे भी हम मनुष्यों के साथ ऐसा ही अनुभव होता होगा। परंतु यह हमारी त्वचा नहीं है जो घावों से भरी है। उस आनेवाले व्यक्ति को पता लगेगा कि मनुष्य का मन भय नामक रोग से ग्रस्त है। संक्रमित त्वचा की तरह, भावात्मक शरीर घावों से भरा है और उन घावों

में भावात्मक पीड़ा का संक्रमण हो गया है। भय का रोग; गुस्से, जलन, उदासी, ईर्ष्या और पाखंड में प्रकट होता है। इस रोग के कारण ऐसे सारे भाव सामने आते हैं, जो मनुष्य के कष्ट का कारण बनते हैं।

सभी मनुष्य इसी रोग के कारण मानसिक रूप से बीमार हैं। हम यह भी कह सकते हैं कि दुनिया मानसिक रोगियों का एक अस्पताल है। परंतु इस दुनिया में यह मानसिक रोग हज़ारों वर्षों से चला आ रहा है। मेडिकल, मनोविज्ञान और शरीर विज्ञान की किताबों में इसे एक सामान्य अवस्था बताया जाता है। वे इसे सामान्य मानते हैं परंतु मैं आपको बता सकता हूँ कि यह सामान्य नहीं है।

जब भय बहुत अधिक हो जाता है, तो तर्कपूर्ण मन असफल होने लगता है और उन विषैले घावों को सह नहीं पाता। हम मनोविज्ञान की पुस्तकों में इसे मानसिक रोग कहते हैं। हम इसे स्किजोफीर्निया, मतिभ्रम या साइकोसिस आदि नामों से पुकारते हैं। परंतु ये रोग तब पैदा होते हैं, जब तार्किक मन इतना डरा हुआ होता है और घावों में इतनी पीड़ा होती है कि बाहरी दुनिया से संपर्क तोड़ देना ही बेहतर हो जाता है।

मनुष्य लगातार इसी भय के साए में जीते हैं कि कहीं उनके मन को ठेस न लगे और हम जहाँ भी जाते हैं, यही बात एक बड़ा तमाशा खड़ा कर देती है। मनुष्य एक-दूसरे से जिस तरह संपर्क रखते हैं, वह भावात्मक तौर पर इतना दुखदायी होता है कि हम बिना किसी वजह के ही गुस्सा हो जाते हैं, हमें जलन होने लगती है और हम उदास हो जाते हैं। कई बार तो किसी को यह कहने में भी भय होने लगता है कि मैं तुमसे प्यार करता हूँ। हालाँकि भावात्मक संपर्क रखना पीड़ादायी और भयभीत करनेवाला होता है परंतु हम फिर भी सब कुछ जारी रखते हैं, हम एक संबंध बनाते हैं, हम विवाह करते हैं और संतान पैदा करते हैं।

अपने भावात्मक घावों की रक्षा करने और स्वयं को चोटिल होने से बचाने के लिए, मनुष्य अपने मन में ही एक बड़े अस्वीकृति तंत्र की कृत्रिम रचना कर लेता है। उस अस्वीकृति तंत्र में हम झूठ बोलने में माहिर हो जाते हैं। हम इतनी अच्छी तरह झूठ बोलते हैं कि हम अपने-आपसे ही झूठ बोलते हैं और अपने ही झूठों पर यकीन भी करने लगते हैं। हम यह ध्यान ही नहीं देते कि हम झूठ बोल रहे हैं और कई बार हमें यह पता भी होता है कि हम झूठ बोल रहते हैं, तब भी अपने झूठ को वाजिब ठहराते हैं ताकि स्वयं को अपने घावों की पीड़ा से बचा सकें।

यह अस्वीकार या खंडन का तंत्र किसी कोहरे की तरह हमारी आँखों के आगे

छा जाता है, जो हमें सच नहीं देखने देता। हम एक सामाजिक मुखौटा पहने रखते हैं क्योंकि अपने आपको देखना या यह देखना पीड़ादायी होता है कि लोग हमें हमारे असली रूप में देखें। और इसी तंत्र के कारण हम दिखावा करते हैं कि सभी वही विश्वास रखते हैं, जैसा हम चाहते हैं कि वे हमारे बारे में मानें। हम अपने बचाव के लिए ये अवरोधक लगाते हैं ताकि दूसरे हमसे दूर रहें, परंतु वे अवरोधक हमें ही बंदी बनाते हुए हमारी आज़ादी छीन लेते हैं। मनुष्य अपने लिए आड़ खोजते हैं और स्वयं को बचाते हैं। जब कोई कहता है, 'तुम मेरी दुखती नस को छेड़ रहे हो।' तो यह पूरा सच नहीं होता। सच यह है कि आप उसके मन में छिपे किसी घाव को छू रहे हैं, वह अपनी प्रतिक्रिया दे रहा है क्योंकि उसे पीड़ा हो रही है।

जब आप इस बारे में सजग होते हैं कि आपके आसपास कोई भावात्मक विष से भरे भावात्मक घाव रखता है, तो आप आसानी से मनुष्यों के इस संबंध को समझ सकते हैं, जिसे टॉलटेक ने 'ड्रीम ऑफ हैल' कहा है। उनके नज़रिए से, हम अपने बारे में जो भी विश्वास रखते हैं और इस दुनिया के बारे में जो भी जानते हैं, वह एक सपना है। अगर आप किसी भी धर्म में नर्क के विवरण को देखें, तो यह मनुष्य के समाज की तरह ही है, जिस तरह हम सपना देखते हैं। नर्क एक ऐसा स्थान है जिसमें कष्ट, भय, युद्ध व हिंसा है, दूसरों की परख है, कोई न्याय नहीं और यह एक ऐसा स्थान है जहाँ अंतहीन दंड होता है। शिकारियों के जंगल में मनुष्य बनाम मनुष्य हैं; वे दूसरों को परखते हैं, उन पर इल्ज़ाम लगाते हैं, वे अपराध-बोध, भावात्मक विष - जलन, गुस्सा, नफरत, उदासी और कष्ट से भरे हैं। हम इन शैतानों को अपने मन में पैदा करते हैं क्योंकि हमने अपने जीवन में नर्क का सपना देखना सीख लिया है।

हममें से प्रत्येक अपने लिए एक निजी सपना रचता है, परंतु हमसे पहलेवाले मनुष्यों ने एक बड़ा बाहरी सपना रचा, वह मनुष्य के समाज का सपना था। बाहरी सपना या फिर इस ग्रह का सपना, सपने देखनेवाले अरबों लोगों का सामूहिक सपना है। इस बड़े सपने में हमारे समाज के सभी नियम, कानून, धर्म और विभिन्न संस्कृतियाँ और जीवनशैलियाँ शामिल हैं। यह सारी सूचना हमारे मन में इस तरह भरी है मानो हज़ारों स्वर हमसे एक साथ बात कर रहे हों। टॉलटेक इसे 'मिटोटे' कहते हैं।

हमारा असली रूप विशुद्ध प्रेम है; हम जीवन हैं। हमारे इस असली रूप का सपने से कोई संबंध नहीं पर मिटोटे हमें सही मायनों में देखने नहीं देता कि हम

क्या हैं। जब आप इस नज़रिए से सपना देखते हैं और आपके पास यह सजगता है कि आप कौन हैं, तो आप मनुष्यों का मूर्खता से भरा बर्ताव देख सकते हैं और यह मज़ेदार हो जाता है। दूसरों के लिए जो एक बड़ा तमाशा है, वह आपके लिए कॉमेडी हो जाता है। आप मनुष्य के कष्टों को बड़ा करके नहीं देखते, आपको पता है कि वे असली भी नहीं हैं। परंतु हमारे पास कोई चुनाव नहीं है। हम इसी समाज में जन्मे हैं, हम इसी समाज में पले-बढ़े और हम दूसरों की तरह बनना सीखते हैं। हमेशा मूर्खों की तरह पेश आते हुए, दूसरों के साथ मुकाबला करते हैं।

कल्पना करें कि आप किसी ऐसे ग्रह पर जा सकते हैं, जिसमें हर किसी का भावात्मक मन हर अलग प्रकार का है। वे हमेशा एक-दूसरे के साथ प्रसन्नता से पेश आते हैं, हमेशा प्रेम और शांति के बीच रहते हैं। अब कल्पना करें कि एक दिन आप इस ग्रह पर उठते हैं और अब आपके शरीर पर भावात्मक घाव नहीं हैं। आप जो भी हैं, आपको उससे कोई डर नहीं है। आपके बारे में जो भी कोई कुछ कहता है, जो कुछ भी करता है, आप उसे निजी रूप से नहीं लेते और अब इससे तकलीफ भी नहीं होती। अब आपको स्वयं का बचाव करने की आवश्यकता नहीं है। आप प्रेम करने से नहीं डरते, आप दूसरों के साथ अपना मन बाँटने से नहीं डरते। पर कोई भी दूसरा व्यक्ति आपकी तरह नहीं है। आप ऐसे लोगों से कैसे संपर्क बना सकते हैं जो भावात्मक रूप से रोगी और भयग्रस्त हैं?

***

जब एक इंसान पैदा होता है, तो उसका भावात्मक मन और भावात्मक शरीर पूरी तरह से स्वस्थ होते हैं। हो सकता है कि तीन या चार साल की आयु के बाद शरीर में पहले घाव दिखने लगें और उनमें भावात्मक जहर भर जाता है। पर अगर आप दो या तीन साल के बच्चे को देखें, अगर आप उनके बर्ताव को देखें तो वे आपको हमेशा खेलते दिखाई देंगे। आप उन्हें हमेशा हँसते देख सकते हैं। उनकी कल्पना शक्ति कितनी तेज़ होती है। उनके सपने खोजबीन के रोमांच से भरे होते हैं। जब कुछ गलत हो जाता है तो वे अपना बचाव करते हुए प्रतिक्रिया देते हैं पर दूसरे ही पल सब भुलाकर, अपना ध्यान वर्तमान में लगा देते हैं। फिर से खेलने लगते हैं, खोजबीन करने लगते हैं, जीवन का आनंद लेने लगते हैं। वे वर्तमान में जी रहे हैं। उन्हें अपने अतीत से शर्म नहीं आती। वे अपने भविष्य की चिंता नहीं करते। छोटे बच्चे वही प्रकट करते हैं, जो वे महसूस करते हैं और उन्हें प्रेम करने से भय नहीं होता।

हमारे जीवन के सबसे आनंददायक क्षण वे होते हैं, जब हम छोटे बच्चों की तरह खेल रहे हैं, जब हम नाच और गा रहे हैं, जब हम चीज़ों को केवल अपने मज़े के लिए खोज रहे हैं। कितनी अद्भुत बात है कि हम बच्चों की तरह पेश आते हैं क्योंकि यही मनुष्य के मन की सामान्य अवस्था है, सामान्य मानवीय प्रवृत्ति। बच्चों के रूप में, हम मासूम और निष्पाप होते हैं और हमारे लिए प्रेम को प्रकट करना सहज होता है। परंतु हमें क्या हो गया है? सारे संसार को क्या हो गया है?

दरअसल हुआ यह कि जब हम बच्चे होते हैं तो वयस्क लोग पहले से ही मानसिक रोग से ग्रस्त होते हैं, जो किसी छूत की बीमारी जैसा होता है। वे इस रोग को हमें कैसे सौंपते हैं? वे हमें अपने जैसा बनना सिखाते हैं। इस तरह हम अपने बच्चों को यह रोग सौंपते हैं। इस तरह हमारे माता-पिता, हमारे अध्यापक, हमारे बड़े भाई-बहन और रोगियों का पूरा समाज हमें इस रोग से ग्रस्त कर देता है। वे हमारा ध्यान अपनी ओर खींचते हुए, हमारे मन में बार-बार एक ही सूचना और जानकारी डालते हैं। हमें इसी तरह सिखाया जाता है। इसी तरह हम अपन मन को प्रोग्राम करते हैं।

हमारे दिमाग में बसी वह जानकारी और प्रोग्राम ही हमारी समस्या है। हम बच्चे को भाषा सिखाते हैं, उसे पढ़ना सिखाते हैं, उसे सपने देखना और पेश आना सिखाते हैं। हम इंसानों को भी इस तरह पालतू बनाते हैं, जिस तरह लोग किसी कुत्ते या किसी दूसरे जानवर को पालतू बनाते हैं: पुरस्कार और दंड के साथ! इसे पूरी तरह से आम माना जाता है। हम जिसे शिक्षा कहते हैं, वह इंसानों को पालतू बनाने की प्रक्रिया से अधिक नहीं है।

हमें सजा मिलने से डर लगता है, पर आगे चलकर हमें पुरस्कार न मिलने से भी डर लगने लगता है। हमें डर लगने लगता है कि अगर हम अपने माता-पिता और अध्यापक या भाई-बहन को पसंद न आए तो क्या होगा? हमारे भीतर स्वीकृति पाने की भूख पैदा होती है। उससे पहले, हमें परवाह नहीं थी कि कोई हमें स्वीकार करता है या नहीं। लोगों की राय अहम नहीं थी। वे अहम नहीं थे क्योंकि हम केवल खेलते हुए वर्तमान में जीना चाहते थे।

पुरस्कार न मिलने का भय ही अस्वीकृति का भय बन जाता है। हमें लगता है कि हम किसी के लिए अच्छे नहीं हैं और इसी डर के कारण हम अपने-आपमें बदलाव लाना चाहते हैं, तभी हम एक छवि बनाते हैं। फिर हम उस छवि को उसी तरह दिखाते हैं, जैसे वे हमें देखना चाहते हैं। यह सब हम इसलिए करते हैं कि वे हमें

स्वीकार करें, हमें पुरस्कार दें। हम जो नहीं हैं, वही दिखने का दिखावा करना सीख लेते हैं। हम कुछ और बनने का अभ्यास करते हैं ताकि माता-पिता, अध्यापकों व अपने धर्म को वैसे दिख सकें, जैसे वे हमें देखना चाहते हैं। हम अभ्यास करते हैं और अभ्यास करते हैं ताकि हम वह बन सकें, जो हम नहीं हैं।

जल्द ही हम यह भी भूल जाते हैं कि हम असल में कौन हैं और हम अपनी छवियों के अनुसार जीने लगते हैं। हम केवल एक छवि नहीं रचते बल्कि अपने साथ जुड़े अलग-अलग लोगों के समूह के अनुसार विभिन्न छवियाँ बना लेते हैं। हम घर में एक छवि बनाते हैं, स्कूल में एक छवि बनाते हैं और जब बड़े होते हैं तो छवियों की गिनती बढ़ने लगती है।

यही एक स्त्री और पुरुष के बीच सादे से संबंध के लिए भी सच है। उस स्त्री की एक बाहरी छवि है, जिसे वह दूसरों को दिखाना चाहती है, परंतु जब वह अकेली होती है तो उसकी छवि पूरी तरह से अलग होती है। उस पुरुष की भी एक बाहरी और एक आंतरिक छवि है। जब तक वे बड़े होते हैं तो उनकी बाहरी और भीतरी छवियाँ इतनी अलग हो जाती हैं कि उनमें आपस में कोई मेल नहीं रहता। किसी स्त्री या पुरुष के संबंध में कम से कम चार छवियाँ होती हैं। वे आपस में एक-दूसरे को सही मायनों में कैसे जान सकते हैं? वे नहीं जान सकते। वे केवल उस छवि को समझने की कोशिश कर सकते हैं। परंतु उन्हें और भी छवियों पर विचार करना पड़ता है।

जब कोई पुरुष किसी स्त्री से मिलता है, तो वह अपने नज़रिए से उसकी एक छवि बना लेता है और स्त्री अपने नज़रिए से उस पुरुष के लिए एक छवि बना लेती है। फिर वह पुरुष कोशिश करता है कि स्त्री उसकी बनाई छवि में फिट हो जाए और वह स्त्री भी इसी कोशिश में है कि पुरुष उसकी बनाई छवि में फिट हो जाए। अब उनके बीच छह छवियाँ हैं। बेशक, वे एक-दूसरे से झूठ बोल रहे हैं, हालाँकि वे भी नहीं जानते कि वे आपस में झूठ बोल रहे हैं। उनका संबंध भय पर टिका है; यह झूठों पर टिका है। यह सच पर नहीं टिका क्योंकि वे उस कोहरे या धुंध से पार देख ही नहीं सकते।

जब हम छोटे बच्चे होते हैं, तो हमारा उन छवियों के साथ कोई संघर्ष नहीं होता, जो हम दिखने की कोशिश करते हैं। हमारी छवियों को वास्तव में तब तक चुनौती नहीं मिलती, जब तक हम बाहरी दुनिया से संपर्क नहीं साधते। यही वजह है कि एक किशोर दूसरों से थोड़ा अलग होता है। भले ही हम अपनी छवि बनाकर

उसकी सुरक्षा करने लगें पर ज्यों ही हम उसे बाहरी दुनिया को दिखाते हैं तो दुनिया हम पर पलटवार करती है। बाहरी दुनिया हमें परखने लगती है। वे छिपे रूप से नहीं बल्कि सार्वजनिक रूप से कहते हैं कि हम जो दिखते हैं, वैसे नहीं हैं।

आइए, हम एक ऐसे किशोर का उदाहरण लेते हैं, जो बहुत समझदार होने का दिखावा करता है। वह स्कूल में किसी वाद-विवाद प्रतियोगिता में जाता है, उसमें एक और लड़का मिलता है, जो उससे कहीं अधिक समझदार है। वह हर प्रतियोगिता में जीत कर इसकी स्थिति को सबके सामने हास्यास्पद बना देता है। हमारा किशोर अपने साथियों के आगे बार-बार अपनी छवि को सच्चा साबित करने की कोशिश करता है। वह सबके साथ दयालुता से पेश आते हुए अपनी छवि को बचाना चाहेगा पर उसे अपने अंदर से पता है कि वह झूठ बोल रहा है। वह कोशिश करता है कि अपने साथियों के बीच सामान्य बना रहे पर ज्यों ही वह अकेला होता है और स्वयं को दर्पण में देखता है तो वह दर्पण को तोड़ देता है। उसे खुद से नफरत होती है; उसे लगता है कि वह मूर्ख है, वह सबसे बदतर है। उसकी आंतरिक और बाहरी छवि में भारी अंतर आ जाता है, जो वह दुनिया को दिखाता आया है। यह अंतर जितना अधिक होगा, वह समाज के सपने को उतना ही कम स्वीकार करेगा और उसका अपने लिए प्रेम भी घटता जाएगा।

वह जो दिखावा करता है और जो वह सच में है; अकेला होने पर वह झूठ और बहुत सारे झूठों के बीच घिर जाता है। दोनों ही छवियाँ यथार्थ से कहीं परे हैं; वे झूठी हैं पर उस किशोर को दिखाई नहीं देता। हो सकता है कि किसी दूसरे को दिखाई दे परंतु वह पूरी तरह से अंधा हो गया है। उसका अस्वीकृति तंत्र घावों की रक्षा करने की कोशिश करता है परंतु उसके घाव असली हैं और वह चोटिल है क्योंकि वह अपनी छवि को बचाने की पूरी कोशिश में है।

जब हम बच्चे होते हैं तो हम सीखते हैं कि सबकी राय अहम होती है और हम अपना जीवन उनकी राय के हिसाब से जीते हैं। किसी दूसरे की ओर से मिलनेवाली एक राय हमें और गहरे नर्क में धकेल सकती है; चाहे वह झूठ ही क्यों न हो। 'तुम बदसूरत दिखते हो', 'तुम मूर्ख हो।', 'तुम मूर्ख हो'। नर्क में रहनेवाले लोगों के मूर्ख व्यवहार पर दूसरों की राय का ज्यादा ही असर होता है। यही वजह है कि हम सुनना चाहते हैं कि हम अच्छे हैं, हम बहुत अच्छा काम कर रहे हैं, हम बहुत सुंदर हैं। 'मैं कैसी दिखती हूँ।', 'मैंने जो कहा, वह कैसा लगा?', 'मैं कैसा काम कर रहा हूँ?'

हमें दूसरों की राय जानना ज़रूरी लगता है क्योंकि हमें पालतू बनाया गया है और हम दूसरों की राय के हाथों का खिलौना बन सकते हैं। यही वजह है कि हम दूसरों से पहचान पाना चाहते हैं; हमें दूसरों से भावात्मक सहारा चाहिए, हमें दूसरे लोगों के माध्यम से बाहरी सपने से अपनी स्वीकृति चाहिए। यही वजह है कि किशोर शराब पीते हैं, नशे का सेवन करते हैं और धूम्रपान करने लगते हैं। वे चाहते हैं कि वे राय देनेवाले लोगों की नज़रों में स्वीकारे जाएँ और उन्हें 'कूल' माना जाने लगे।

बहुत सारे इंसान इन्हीं झूठी छवियों के कारण कष्ट में हैं। मनुष्य महत्त्वपूर्ण होने का दिखावा करता है परंतु इसके साथ ही हम समझते हैं कि हम कुछ नहीं हैं। हम समाज के सपने में अपना स्थान पाने के लिए कड़ी मेहनत करते हैं। हम चाहते हैं कि दूसरे हमें पहचानें, हमें दूसरों से मंजूरी मिले। हम अहम होने, विजेता बनने, ताकतवर, धनी और लोकप्रिय होने के लिए कड़ी मेहनत करते हैं। हम चाहते हैं कि हम अपने निजी सपने को प्रकट करें और अपने सपने को दूसरे लोगों पर थोपें। क्यों? क्योंकि इंसानों को लगता है कि सपना सच है और हम इसे बहुत गंभीरता से ले लेते हैं।

2
सरलता का अभाव

मनुष्य स्वभाव से ही संवेदनशील प्राणी है। हम इतने भावात्मक इसलिए हैं क्योंकि हम हर चीज़ को अपने भावात्मक शरीर से देखते हैं और महसूस करते हैं। भावात्मक शरीर एक रेडियो की तरह है, जिसे निश्चित फ्रीक्वेंसी पर लाने के लिए ट्यूनइन किया जा सकता है। पालतू बनने से पहले किसी भी आम इंसान के जीवन में कुछ नया खोजने और आनंद पाने की बारंबारता ही थी; हम प्रेम के साथ ट्यूनइन थे। बचपन में हमारे पास प्रेम की कोई परिभाषा नहीं होती, यह हमारे लिए एक अमूर्त सोच होती है; हम केवल प्रेम को जीते हैं। हम ऐसे ही हैं।

भावात्मक शरीर में एक तरह का अलार्म होता है, जो हमें बताता है कि कुछ गलत हो रहा है। हमारे भौतिक शरीर के साथ भी कुछ ऐसा ही है, इसमें भी एक तरह का अलार्म होता है, जो हमें बताता है कि कुछ गलत हो रहा है। हम इसे पीड़ा कहते हैं। जब हमें शरीर में कहीं दर्द होता है तो हम जान लेते हैं कि कहीं कुछ गलत हो रहा है और हमें इस ओर ध्यान देकर उसे ठीक करना है। भावात्मक शरीर के लिए भय अलार्म का काम करता है। जब हमें डर लगता है तो इसका मतलब है कि कुछ गलत हो रहा है। शायद हम अपनी जान गँवाने के डर में हैं।

भावात्मक शरीर भावों को समझता है परंतु यह आँखों से नहीं होता। हम भावों को अपने भावात्मक शरीर के माध्यम से अनुभव करते हैं। बच्चे भावों को अनुभव करते हैं और उनका तर्कशील मस्तिष्क कोई बाधा नहीं देता या कोई सवाल नहीं उठाता। यही वजह है कि बच्चे कुछ लोगों को स्वीकार करते हैं और कुछ लोगों को

अस्वीकार कर देते हैं। जब वे किसी के आसपास आत्मविश्वास से भरपूर महसूस नहीं करते तो वे उसे अस्वीकार कर हैं क्योंकि वे सामनेवाले के दिखाए जा रहे भावों को समझते हैं। बच्चे आसानी से जान लेते हैं कि कोई गुस्से में है और उनका अलार्म तंत्र थोड़ा डर पैदा करते हुए, उनसे कहता है, 'दूर रहो'। वे उसकी बात मानकर उस आदमी से दूरी बना लेते हैं।

हम अपने घर की भावात्मक ऊर्जा और उस ऊर्जा के लिए अपनी निजी प्रतिक्रिया के अनुसार भावुक होना सीखते हैं। यही वजह है कि भाई-बहन अलग-अलग तरह से पेश आते हैं क्योंकि उन्होंने विभिन्न हालात के लिए अलग-अलग तरह से बचाव और समायोजन करना सीखा है। जब हमारे माता-पिता लगातार लड़ते हैं, जब आपस में तालमेल नहीं होता; तब हम उस अपमान और झूठों के बीच उनके जैसा होने का भावात्मक तरीका सीखते हैं। भले ही वे हमें कहें कि हमें वैसा नहीं करना और झूठ नहीं बोलना है परंतु हमारे माता-पिता और पूरे परिवार की ऊर्जा हमें संसार को उसी तरह महसूस करवाती है।

हमारे घर में रहनेवाली भावात्मक ऊर्जा हमारे भावात्मक शरीर को उस बारंबारता पर ट्यूनइन करती है। भावात्मक शरीर अपनी ट्यून बदलने लगता है और वह इंसान की सामान्य धून या ट्यून नहीं रहती। हम बड़ों की तरह खेलने लगते हैं, हम बाहरी सपने का खेल खेलते हैं और हम हार जाते हैं। हम अपना भोलापन, अपनी आज़ादी, अपनी प्रसन्नता और प्रेम करने के स्वभाव को ही खो देते हैं। हमें बदलने के लिए मज़बूर होना पड़ता है और हम एक दूसरी दुनिया और दूसरे यथार्थ का बोध पाते हैं; अन्याय की हकीकत, भावात्मक पीड़ा की हकीकत, भावात्मक विष की हकीकत। नर्क में आपका स्वागत है - ऐसा नर्क जिसे इंसानों ने बनाया है, जो इस ग्रह का सपना है। हमारा इस नर्क में स्वागत होता है परंतु हमने इसे निजी रूप से नहीं बनाया। यह हमारे जन्म से भी पहले यहीं मौजूद था।

आप देख सकते हैं कि बच्चों को देखने से ही किस तरह सच्चा प्रेम और आज़ादी नष्ट हो जाते हैं। कल्पना करें कि दो या तीन साल का बच्चा पार्क में खेलते हुए मौज कर रहा है। उसकी माँ भी वहीं है, उसे डर है कि बच्चा पार्क में गिरकर चोटिल न हो जाए। वह उसे रोकना चाहती है, बच्चे को लगता है कि माँ उसके साथ खेल रही है और वह उससे तेज़ भागने की कोशिश करता है। पास ही सड़क पर कारें तेज़ी से निकल रही हैं, यह देखकर माँ पहले से अधिक डर जाती है और बच्चे को पकड़ लेती है। बच्चा उम्मीद करता है कि माँ उसके साथ खेलेगी पर वह

उसे फटकारती है। ओह! यह कैसा सदमा! बच्चे की खुशी से उसका प्रेम झलक रहा था और उसे समझ नहीं आता कि माँ इस तरह पेश क्यों आई। यही सदमा धीरे-धीरे उसके प्रेम को कम करने लगता है। बच्चा शब्दों को नहीं समझता पर फिर भी वह सवाल करता है, 'ऐसा क्यों?'

भागना और खेलना उसके लिए प्रेम है पर अब यह सुरक्षित नहीं है क्योंकि जब आप इस प्रेम को प्रकट करते हैं तो माता-पिता से फटकार मिलती है। वे आपको आपके कमरे में भेज देते हैं और आप वह नहीं कर पाते जो करना चाहते हैं। वे आपको बताते हैं कि आप गंदे बच्चे हो गए और यह आपके लिए सजा हो जाता है।

दंड और पुरस्कार के इस तंत्र में न्याय और अन्याय छिपा है, क्या जायज़ है और क्या जायज़ नहीं है। अन्याय का भाव एक चाकू की तरह है, जो दिमाग में भावात्मक घाव बना देता है। फिर अन्याय के लिए हमारी प्रतिक्रिया के अनुसार, वह घाव भावात्मक विष से संक्रमित हो सकता है। कुछ घावों में संक्रमण क्यों होता है? आइए एक और उदाहरण लें।

मान लें कि आप दो या तीन साल के हैं। आप खुश हैं, आप खेल रहे हैं, कुछ नया तलाश रहे हैं। इस उम्र में आपको अच्छे और बुरे की समझ नहीं, आपको सही या गलत नहीं पता, आपको नहीं पता कि क्या करना चाहिए और क्या नहीं करना चाहिए क्योंकि अभी आपको पालतू नहीं बनाया गया। आप कमरे में अपने आसपास की वस्तुओं से खेल रहे हैं। आपकी कोई बुरी मंशा नहीं है, आप किसी को चोट नहीं पहुँचाना चाहते पर आप अपने डैडी के गिटार से खेल रहे हैं। आपके लिए यह भी एक खिलौना है। लेकिन आप अपने डैडी का दिल नहीं दुखाना चाहते। पर आपके डैडी का मूड अच्छा नहीं है। काम-धंधा सही नहीं चल रहा, वे कमरे में आकर देखते हैं कि आप गिटार से खेल रहे हैं। उन्हें बहुत गुस्सा आता है और वे आपको पकड़कर पीट देते हैं।

आपके नज़रिए से यह नाइंसाफी है। आपके डैडी ने कमरे में आकर, मारे गुस्से के आप पर हाथ उठाया। आप उन पर पूरा भरोसा रखते थे क्योंकि वे आपके डैडी हैं। उन्होंने कभी आपको खेलने से नहीं रोका और आपको अपने तरीके से जीने दिया। अब कुछ ऐसा हुआ जो आपको समझ में नहीं आ रहा। यह नाइंसाफी ही आपका दिल दुखाती है। आपके दिल को चोट लगती है और आप रोने लगते हैं। पर आप केवल इसलिए नहीं रो रहे कि आपको मारा गया। आपको उस चोट से दर्द

नहीं, आपको भावात्मक रूप से आक्रामकता महसूस हो रही है कि आपके साथ अच्छा नहीं हुआ। आपने कुछ नहीं किया था।

यही नाइंसाफी आपके मन में घाव कर देती है। आपका भावात्मक शरीर चोटिल होता है और आप उस एक क्षण में अपनी सरलता या भोलेपन का कुछ हिस्सा खो देते हैं। आपको पता चलता है कि आप अपने डैडी पर हमेशा भरोसा नहीं कर सकते। भले ही आपका मन इन बातों को नहीं जानता क्योंकि वह विश्लेषण नहीं करता, यह फिर भी समझता है, 'मैं भरोसा नहीं कर सकता।' आपका भावात्मक शरीर आपको बताता है कि कुछ ऐसा है, जिस पर आप विश्वास नहीं कर सकते और उसे दोहराया जा सकता है।

हो सकता है कि आपके मन में डर आ जाए, हो सकता है कि आपको गुस्सा आए, आपको शर्म आ जाए या फिर आप रोने लगें। पर यह प्रतिक्रिया भावात्मक विष है क्योंकि आपके सभ्य और पालूत बनने से पहले सामान्य प्रतिक्रिया होती कि आपके डैडी ने आपको मारा और आप भी उन्हें मारना चाहते हैं। आप उन्हें मारना चाहते हैं या मारने के लिए हाथ उठाते हैं और यह देखकर आपके डैडी को और भी गुस्सा आ जाता है। आपने उन्हें मारने के लिए हाथ उठाया, यह देखकर वे आपको और भी कड़ी सजा देते हैं। अब आप जानते हैं कि वे आपको तबाह कर देंगे। अब आपको उनसे डर लगता है और आप अपना बचाव नहीं करते क्योंकि आपको पता है कि ऐसा करने से हालात और खराब होंगे।

आपको कारण अब भी नहीं पता कि ऐसा क्यों हुआ? पर आपको अब इतना पता है कि आपके पिता आपकी जान भी ले सकते हैं। इस तरह आपके मन में एक गहरा घाव हो जाता है। इससे पहले वह पूरी तरह से स्वस्थ था; आप पूरी तरह से बेगुनाह, सरल और निष्पाप थे। इसके बाद, आपका तर्कशील मन इस अनुभव के साथ कुछ करना चाहता है। आप एक खास तरह से प्रतिक्रिया देना सीखते हैं, वह आपका निजी तरीका है। आप उस भाव को अपने पास रखते हैं और यह जीवन के लिए आपके तरीके को बदल देता है। यह अनुभव अब बार-बार दोहराया जाएगा। आपके माता-पिता, भाई-बहन, अंकल-आंटी, स्कूल, समाज और बाकी सब लोग इसी अनुभव को दोहरानेवाले हैं। आप हर बार डरते हुए, खुद को बचाना सीखेंगे परंतु यह तरीका वैसा नहीं होगा, जो आपके पालतू या सभ्य बनने से पहले था, जब आप अपना बचाव करने के बाद खेलने लगते थे।

इस घाव में पहले-पहल कुछ खास दिखाई नहीं देता पर आगे जाकर बड़ी

समस्या बन जाता है : भावात्मक विष। भावात्मक विष उस घाव में जमा हो जाता है और दिमाग उस विष से खेलने लगता है। अब हमें आनेवाले की चिंता होने लगती है क्योंकि हमारे पास उस विष की स्मृति है और हम नहीं चाहते कि वह दोबारा घटे। हमारे पास स्वीकारे जाने की यादें भी हैं; हमें याद है कि माता-पिता हमारे साथ कितनी अच्छी तरह पेश आते थे और हम आपस में मिल-जुलकर रहते थे। हम उसी तालमेल को चाहते हैं पर यह नहीं जानते कि उसे कैसे बनाना है। हम अपने ही बोध के बुलबुले में हैं, हमारे आसपास जो भी होता है, ऐसा लगता है मानो हमारे कारण हो रहा है। हमें लगता है कि माता-पिता हमारे कारण लड़ रहे हैं, भले ही उस बात का हमसे कोई लेन-देन न हो।

धीरे-धीरे हम अपनी मासूमियत खोने लगते हैं; हमारे मन में बैर की भावना आने लगती है, अब हम दूसरों को माफ नहीं करते। समय के साथ-साथ इन हालात के कारण ही हमें लगने लगता है कि हम जो हैं, वही बने रहना सुरक्षित नहीं है। बेशक, यह सब कुछ हर इंसान की अपनी समझदारी और शिक्षा के आधार पर अलग-अलग गहनता का हो सकता है। यह कई चीज़ों पर निर्भर करेगा। अगर आप किस्मतवाले हुए, तो आपको पालतू बनाने की प्रक्रिया इतनी मज़बूत नहीं होगी पर अगर ऐसा न हुआ तो आपको पालतू बनाने की प्रक्रिया मज़बूत हो सकती है और इसी दौरान आपके घाव गहरे हो सकते हैं। ये घाव इतने गहरे हो सकते हैं कि आप बात करने से भी घबराने लगेंगे। नतीजन आपको लगेगा कि आपको शर्म आ रही है। शर्म के कारण आप स्वयं को प्रकट नहीं कर सकते। आपको लग सकता है कि आपको नाचना या गाना नहीं आता पर यह प्रेम प्रकट करने के इंसानी स्वभाव को दबाने से अधिक नहीं है।

***

मनुष्य, दूसरे मनुष्यों को पालतू बनाने के लिए डर का इस्तेमाल करते हैं। नाइंसाफी के हर अनुभव के साथ डर बढ़ता जाता है। अन्याय का यह भाव किसी चाकू की तरह है, जो हमारे भावात्मक शरीर में घाव करता है। उस अन्याय के लिए हमारी प्रतिक्रिया के कारण भावात्मक विष पैदा होता है। कुछ घाव भर जाएँगे, कुछ घावों में विष फैलने के कारण संक्रमण हो जाएगा। एक बार भावात्मक विष पूरी तरह से भर जाए, तो हमें उसे बाहर निकालना पड़ता है। हम किसी दूसरे को यह विष देते हुए, इसे अपने से बाहर निकालने का अभ्यास करते हैं। हम यह कैसे करते हैं? हम उस व्यक्ति के ध्यान को अपनी ओर खींचते हैं।

एक सामान्य जोड़े का उदाहरण लेते हैं। कारण चाहे जो भी हो, पत्नी गुस्से में है। उसे अपने पति से मिली नाइंसाफी के कारण मन में रोष है, वह भावात्मक विष से भरी है। पति घर पर नहीं है पर वह उस अन्याय को याद करती है और उसके अंदर भावात्मक विष अधिक बढ़ने लगता है। जब पति घर आता है, तो वह उसका ध्यान अपनी ओर खींचना चाहती है। यदि उसने पति के ध्यान को किसी खूंटी की तरह इस्तेमाल कर लिया तो सारा विष उसके पति के पास चला जाएगा और उसका मन हल्का हो जाएगा। ज्यों ही वह अपने पति को बताती है कि वह कितना बुरा, मूर्ख या नाइंसाफी करनेवाला है, उसके अंदर का सारा विष पति के पास चला जाता है।

वह तब तक बोलती रहती है, जब तक पति का ध्यान उसकी ओर नहीं आ जाता। पति प्रतिक्रिया देते हुए नाराज़ हो जाता है और वह बेहतर महसूस करती है। पर अब सारा विष पति के पास है और वह उसका बदला लेना चाहता है। अब उसे स्वयं को किसी तरह उस विष से दूर करना है, पर यह विष केवल उसकी पत्नी से मिला हुआ नहीं है। इसमें उसका अपना विष भी शामिल है। अगर आप उनके बीच के संबंध को देखें तो वे एक-दूसरे के घावों को छूते हुए उस भावात्मक विष को पिंग-पौंग गेंद की तरह उछाल रहे हैं। विष तब तक बढ़ता ही जाता है, जब तक उन दोनों में से कोई उस विष के कारण विस्फोट नहीं कर देता। इंसानों के बीच आपसी संबंध इस तरह होता है।

इसी तरह एक से दूसरे इंसान तक यह विष जाता रहता है। यह ध्यान मनुष्य के दिमाग के लिए बहुत ताकतवर होता है। दुनिया में हर कोई किसी दूसरे का ध्यान पाने की खोज में है। जब हम दूसरे का ध्यान अपनी ओर खींचते हैं तो इससे संप्रेषण के साधन बनते हैं। सपना हस्तांतरित होता है, शक्ति हस्तांतरित होती है और भावात्मक विष भी हस्तांतरित होता है।

अक्सर हम ऐसे व्यक्ति के ऊपर विष निकालते हैं, जिसे हम अन्याय का दोषी मानते हैं, पर यदि वह ताकतवर हो और हम उसके साथ ऐसा न कर सकें, तो हम परवाह नहीं करते कि हम वह विष किसे सौपेंगे। हम अपने से छोटों पर वह विष निकालते हैं, जिनके पास बचाव का उपाय नहीं और इस तरह आपस में बुरे संबंध बनते हैं। ताकतवर लोग, कम ताकतवाले लोगों पर शक्ति प्रयोग करते हैं क्योंकि उन्हें अपना भावात्मक विष निकालना होता है। हमें उस विष से मुक्त होना है और कई बार हम केवल न्याय नहीं चाहते; हम मुक्त होना चाहते हैं, हम शांति चाहते हैं। यही वजह है कि इंसान हमेशा ताकत की खोज में रहता है क्योंकि हम जितने

ताकतवर होंगे, हमारे लिए अपना विष उन पर निकालना उतना ही आसान होगा, जो अपना बचाव नहीं कर सकते।

इसमें कोई शक नहीं कि हम नर्क के संबंधों की बात कर रहे हैं। हम उस मानसिक रोग की बात कर रहे हैं, जो इस ग्रह पर पाया जाता है। हम इस रोग के लिए किसी को इल्जाम नहीं दे सकते; यह अच्छा-बुरा या सही-गलत नहीं है; यह इस रोग की सामान्य अवस्था है। किसी को भी दूसरों को सताने का दोषी नहीं माना जा सकता। जिस तरह उस काल्पनिक ग्रह के लोग दोषी नहीं ताकि उनकी त्वचा रोगी है, आप भी दोषी नहीं क्योंकि आपके पास ऐसे घाव हैं, जो विष से संक्रमित हैं। जब आप शारीरिक रूप से बीमार या चोटिल होते हैं, तो आप स्वयं को दोष नहीं देते या अपराध बोध नहीं पालते। फिर अपने भावात्मक शरीर के रोगी होने पर स्वयं को दोष क्यों दिया जाए?

केवल इस बात की सजगता मायने रखती है कि हमें यह समस्या है। अगर हमारे पास सजगता होगी, तो हमें अपने भावात्मक शरीर को आरोग्य प्रदान करने का अवसर मिल जाएगा। हम अपने भावात्मक शरीर को आरोग्य देकर, कष्ट से मुक्त हो सकते हैं। इस सजगता के अभाव में हम वाकई कुछ नहीं कर सकते। हम केवल इतना कर सकते हैं कि दूसरों के साथ संपर्क रखते हुए इस पीड़ा को दूर रखें, परंतु हमें केवल दूसरे इंसानों के साथ ही नहीं बल्कि अपने साथ भी ऐसा ही करना होगा क्योंकि हम अपने ही घाव भी छूते हैं ताकि हमें सजा मिल सके।

***

हमारे मन में हमेशा एक हिस्सा ऐसा है, जो परखने का काम करता है। यह जज हमारे हर काम की परख करता है। यह हमारे हर किए जानेवाले काम, न किए जानेवाले काम, हर एहसास या उन बातों की भी परख करता है, जिन्हें हम महसूस नहीं करते। हम लगातार खुद को परखते हैं और इसी तरह हम बाकी सबको भी परखते हैं, यह सब हमारे अपने विश्वास और न्याय-अन्याय की भावना पर आधारित होता है। बेशक, हम खुद को दोषी पाते हैं और हमें सजा मिलनी चाहिए। हमारे मन के जिस हिस्से को लगता है कि हमें सजा मिलनी चाहिए, वह पीड़ित है। हमारा वह हिस्सा कहता है, 'मैं कितना बेचारा हूँ, मैं ताकतवर नहीं, मैं समझदार नहीं। मैं कोशिश ही क्यों करूँ?'

जब आप छोटे थे तो आप चुन नहीं सकते थे कि आपको किन बातों पर विश्वास करना है और किन बातों पर विश्वास नहीं करना। यह जज और पीड़ित का

खेल, उन्हीं झूठे विश्वासों पर आधारित है जिन्हें आपने नहीं चुना। जब वह सूचना और जानकारी आपके दिमाग को मिली, तब आप मासूम थे। आपने हर चीज़ पर भरोसा कर लिया। आपके अंदर विश्वास तंत्र को इस तरह रखा गया मानो वह बाहरी सपने का कोई प्रोग्राम हो। टॉलटेक इसे 'पैरासाइट' का नाम देते हैं। इंसान का मन रोगी है क्योंकि इसमें एक ऐसा पैरासाइट या परजीवी है, जो इसकी जीवंत ऊर्जा और आनंद को छीन लेता है। वे सारे विश्वास जो आपको कष्ट देते हैं, वे पैरासाइट हैं। वे विश्वास बीतते समय के साथ इतने ताकतवर हो गए कि जब आपने आगे चलकर अपनी सोच के हिसाब से निर्णय लेने आरंभ किए तो आपको पता चला कि वे विश्वास अब भी आपके जीवन को अपने बस में करे हुए थे।

कई बार आपके भीतर बैठा छोटा बच्चा बाहर आ जाता है - आपका वह असली रूप जो आपकी दो या तीन साल की आयु तक आपके साथ था। आप वर्तमान में जीते हुए आनंद ले रहे हैं, परंतु कोई आपको खींच रहा है, कुछ ऐसा जो कहता है कि आप इतना आनंद लेने के अधिकारी नहीं हैं। आपके भीतर से कोई कहता है कि यह प्रसन्नता इतनी अच्छी है कि यह सच नहीं हो सकती; इतना प्रसन्न होना भी सही नहीं है। आपके भावात्मक शरीर का सारा अपराध बोध, दोषारोपण और भावात्मक विष आपको बार-बार इस तमाशे से भरी दुनिया में वापस खींचता है।

यह परजीवी हमारे दादा-दादी और माता-पिता से लेकर हम तक फैल जाता है और फिर हम इसे अपने बच्चों को देते हैं। हम अपने बच्चों को ठीक उसी तरह सब कुछ सिखाते हैं, जैसे हम कुत्तों को सिखाते हैं। मनुष्य पाले हुए जानवरों की तरह हैं और इसके कारण ही हम नर्क के सपने की ओर जाते हैं, जिसमें हम भय के साए में जीते हैं। पैरासाइट के लिए वे भाव ही भोजन हैं, जो भय से पैदा होते हैं। पैरासाइट से मिलने से पहले, हम जीवन का आनंद लेते हैं, हम खेलते हैं और बच्चों की तरह खुश होते हैं। पर जब हमारे दिमाग में वह सब कचरा भर जाता है तो हम प्रसन्न नहीं रहते। हम सही होना सीखते हैं ताकि बाकी सबको गलत साबित कर सकें। हम बाहरी दुनिया में जो छवि दिखाना चाहते हैं, उससे ही सही होने की इच्छा पैदा होती है। हमें अपनी सोचने की शैली को थोपना पड़ता है। हम इसे दूसरे इंसानों पर ही नहीं बल्कि अपने पर भी थोपते हैं।

हम सजगता के माध्यम से अच्छी तरह समझ सकते हैं कि संबंध काम क्यों नहीं करते - हम अपने माता-पिता, बच्चों, साथी, दोस्तों और यहाँ तक कि अपने

साथ भी अच्छे संबंध क्यों नहीं बना पाते। हमारे अपने साथ हमारा संबंध काम क्यों नहीं करता? क्योंकि हम घायल हैं और हमारे पास ऐसा भावात्मक विष है, जिसे हम संभाल नहीं सकते। हम विष से भरे हैं क्योंकि हम संपूर्णता की ऐसी छवि के साथ बड़े होते हैं जो सच्ची नहीं है, जिसका कोई अस्तित्व नहीं है और वह हमारे मन में जायज़ नहीं है।

हमने देखा है कि हम किस तरह दूसरों को खुश करने के लिए संपूर्णता की छवि बना लेते हैं, हालाँकि वे अपने सपने रचते हैं, जिनका हमसे कोई लेन-देन नहीं होता। हम अपने माता-पिता, अपने अध्यापकों, अपने पंडितों, धर्मों और देवताओं को प्रसन्न करने की कोशिश करते हैं। पर सच तो यही है कि उनके नज़रिए से, हम कभी संपूर्ण नहीं हो सकते। संपूर्णता की छवि हमें बताती है कि हमें खुद को अच्छे के रूप में पहचान दिलाने के लिए कैसा होना चाहिए। पर पता है क्या? यह सबसे बड़ा झूठ है, जो हम अपने बारे में मानते हैं क्योंकि हम कभी संपूर्ण नहीं हो सकते। ऐसा भी कोई उपाय नहीं कि हम स्वयं को संपूर्ण न होने के लिए माफ कर सकते हैं।

संपूर्णता की छवि हमारे सपने देखने के तरीके को बदलती है। हम खुद को नकारना और अस्वीकार करना सीख लेते हैं। हम कभी इतने अच्छे, संपूर्ण और सुंदर व स्वस्थ नहीं होते, जितना हम अपने-आपको मानते हैं। ऐसा कुछ हमेशा होता है जिसे जज न तो स्वीकार कर सकता है और न ही माफ कर सकता है। यही वजह है कि हम अपनी ही मानवता को नकारते हैं; यही वजह है कि हम कभी प्रसन्न होने के अधिकारी नहीं होते; यही वजह है कि हम किसी ऐसे की तलाश में हैं, जो हमारे साथ बुरा बर्ताव करे, कोई ऐसा जो हमें दंड देगा। हम उसी संपूर्णता की छवि के कारण अपने साथ कभी भी अच्छी तरह पेश नहीं आ सकते।

जब हम खुद को नकारते हैं और दूसरों को परखते हैं, खुद को दोषी मानते हुए अपराध बोध से घिर जाते हैं, तो ऐसा लगता है कि कहीं भी प्रेम नहीं है। ऐसा लगता है मानो कि संसार में केवल दंड, कष्ट और परख ही है। नर्क के अनेक स्तर हो सकते हैं। कई लोग नर्क में गहराई तक उतरे होते हैं और कुछ लोग नर्क में होने के बावजूद, नर्क में नहीं होते पर फिर भी वहीं हैं। नर्क में कई बुरे संबंध हो सकते हैं और ऐसे संबंध भी हो सकते हैं, जिनमें कोई बुरा बर्ताव न हो।

अब आप बच्चे नहीं हैं और अगर आपका कोई संबंध ऐसा है, जो बुरा है तो वह इसलिए है कि आपने उसे स्वीकारा है क्योंकि आपको लगता है कि आप वही

पाने के हकदार हैं। दूसरे आपके साथ कितना बुरा बर्ताव कर सकते हैं, इसकी एक सीमा है पर इसकी कोई सीमा नहीं है कि आप अपने साथ कितना बुरा बर्ताव कर सकते हैं। आपकी आत्म-प्रताड़ना की सीमा वही होगी जितनी आप दूसरों से सहेंगे। अगर कोई आपको आपकी अपनी प्रताड़ना से अधिक सताता है तो आप भागकर अपनी जान बचाना चाहते हैं पर अगर कोई आपको उससे कम सताता है तो शायद आप उस संबंध में और बने रह सकते हैं। आप तब भी उस बुरे बर्ताव और यातना को सहने के हकदार होते हैं।

अक्सर नर्क में एक सामान्य संबंध में, यह सब अन्याय का लेन-देन होता है, बदला लेने का खेल होता है। मैं आपके साथ उतना बुरा बर्ताव करता हूँ जितना आपके साथ होना चाहिए और आप मेरे साथ उतना बुरा बर्ताव करते हैं, जितना मेरे साथ होना चाहिए। हमारे बीच एक संतुलन बना रहता है- और यह कारगर होता है। बेशक ऊर्जा एक जैसी ऊर्जा और स्पंदन को अपनी ओर आकर्षित करती है। अगर कोई आपके पास आकर कहता है, 'ओह, मेरे साथ बुरा बर्ताव हो रहा है।' आप उससे पूछते हैं, 'तो तुम इस संबंध में क्यों हो?' वह यह भी नहीं जानता कि इसका क्या उत्तर है। सच तो यही है कि उसे वह बुरा बर्ताव चाहिए क्योंकि वह इस तरह खुद को दंडित करता है।

जीवन आपको ठीक वही देता है, जो आपको चाहिए। नर्क में पूरा न्याय होता है। किसी को दोष नहीं दे सकते। हम यह भी कह सकते हैं कि हमारा कष्ट एक उपहार है। अगर आप अपनी आँखें खोलकर देखें कि आपके आसपास क्या है, तो आपको अपने विष को दूर करने के लिए यही चाहिए। आपको अपने घावों को भरने, खुद को स्वीकार करने और नर्क से बाहर आने के लिए केवल यही चाहिए।

3

वह आदमी जिसे प्रेम पर विश्वास नहीं था

मैं आपको एक बहुत पुरानी कहानी सुनाना चाहता हूँ, जो उस व्यक्ति के बारे में है, जो प्रेम पर विश्वास नहीं रखता था। वह आपके और मेरी तरह एक आम इंसान था, परंतु उसकी सोच ने उसे अलग बना दिया था। उसे लगता था कि प्रेम का कोई अस्तित्व नहीं होता। बेशक उसने अपनी ओर से प्रेम को खोजने की बहुत कोशिश की, वह अपने आसपास के सब लोगों के बीच भी देख चुका था। उसका अधिकतर जीवन प्रेम की खोज में ही बीता है और उसे पता चला कि प्रेम कहीं नहीं होता।

वह व्यक्ति जिस भी जगह जाता, वह लोगों से कहता कि प्रेम कवियों के मन की उपज है, यह धर्मों की खोज है ताकि इंसानों के कमजोर मन को वश में किया जा सके, उन्हें विश्वास में लिया जा सके। उसका कहना था कि प्रेम वास्तव में नहीं होता और भले ही कोई व्यक्ति कितनी भी कोशिश क्यों न कर ले वह प्रेम को नहीं खोज सकता।

वह व्यक्ति बहुत ही समझदार था और उसे अपनी बात पर पूरा यकीन था। उसने बहुत सारी किताबें पढ़ीं, बहुत सारे विश्वविद्यालयों में अध्ययन किया और जाना-माना विद्वान हो गया। वह हर तरह के लोगों के बीच सार्वजनिक रूप से बोल सकता था और उसके तर्क बहुत ही सशक्त होते थे। उसका कहना था कि प्रेम एक नशा है; जो सिर पर सवार हो जाता है पर इसकी लत हो जाती है। प्रेम आपको अपनी लत में ले सकता है पर जब प्रतिदिन उस प्रेम की खुराक नहीं मिलती तो क्या

होता है? आपको नशे की खुराक की तरह, प्रेम की खुराक की भी आवश्यकता होती है।

वह कहता था कि प्रेमियों के बीच अधिकतर संबंध किसी नशा करनेवाले और नशा लाकर देनेवाले की तरह होते हैं। जिसकी ज़रूरत ज़्यादा बड़ी होती है, वह नशा करनेवाले की तरह है और जिसकी ज़रूरत कम है, वह नशा देनेवाले की तरह है। कम ज़रूरत रखनेवाला व्यक्ति ही संबंध को अपने बस में रखता है। आप इस संबंध को साफ तौर पर देख सकते हैं क्योंकि अक्सर हर संबंध में एक व्यक्ति सबसे ज़्यादा प्यार करता है और दूसरा प्यार नहीं करता, वह प्यार करनेवाले का नाजायज़ फायदा उठाता है। आप देख सकते हैं कि वे किस तरह एक-दूसरे के साथ छल करते हैं, उनकी सारी क्रिया और प्रतिक्रिया ऐसी ही होती है, मानो वे नशा करनेवाला और नशे की सामग्री देनेवाला हों।

नशे की लतवाला व्यक्ति अपनी अधिक माँग के साथ हमेशा इसी भय में रहता है कि शायद उसे अपने प्रेम या नशे की अगली खुराक न मिले। नशे की लत का शिकार व्यक्ति सोचता है, अगर इस लड़की/लड़के ने मुझे छोड़ दिया तो मेरा क्या होगा? इसी भय के कारण वह अपने साथी पर मालिकाना हक रखने लगता है। 'वह मेरा/मेरी है।' इसी भय से जलन और माँग पैदा होती है क्योंकि उसे डर है कि प्रेम की अगली खुराक न मिली तो क्या होगा। नशे की सामग्री देनेवाला व्यक्ति उसे अपने हाथों का खिलौना बना सकता है। वह चाहे तो प्रेम की पूरी खुराक दे, थोड़ा प्रेम करे या बिलकुल भी प्रेम न करे। जिसकी ज़रूरत बड़ी है, वह पूरी तरह से समर्पित होता है और वह ऐसा ही व्यवहार करेगा कि सामनेवाला उसे छोड़ न दे।

वह आदमी हर किसी को यही बताता था कि प्रेम का अस्तित्व क्यों नहीं होता। 'इंसान जिसे प्रेम कहते हैं, वह भय का एक संबंध है जो नियंत्रण से जुड़ा है? इसमें सम्मान कहाँ है? वह प्रेम कहाँ है, जिसे पाने का वे दावा करते हैं? कोई प्रेम नहीं है। युवा जोड़े, भगवान के आगे, अपने परिवार और दोस्तों के आगे बड़े-बड़े वादे करते हैं: वे एक साथ जीने-मरने का वादा करते हैं। वे कहते हैं कि परस्पर प्रेम और सम्मान देंगे, हमेशा एक-दूसरे के साथ बने रहेंगे। हर अच्छे-बुरे समय में साथ होंगे। वे एक-दूसरे को प्रेम और सम्मान देने का वादा करने के साथ ही वादों पर वादे करते चले जाते हैं। इसमें सबसे अच्छी बात यह है कि वे भी उन वादों पर विश्वास करते हैं। पर विवाह के बाद - एक सप्ताह बाद, एक महीने बाद, कुछ महीने बाद - आप देख सकते हैं कि इनमें से कोई भी वादा पूरा नहीं किया जाता।

आपको नियंत्रण की ऐसी लड़ाई दिखाई देती है, जिसमें पता चलता है कि कौन किसे वश में कर रहा है। कौन नशा करवानेवाला होगा और कौन नशा करनेवाला है? आप कुछ ही महीने बाद देखेंगे कि वे आपस में एक-दूसरे के लिए सम्मान का जो भाव रखते थे, वह अब नहीं रहा। आप उस आपसी रोष, भावात्मक विष और एक-दूसरे को दी जानेवाली चोट को देख सकते हैं। धीरे-धीरे वह सब बढ़ता जा रहा है, उन्हें पता भी नहीं चलता और प्यार कहीं खो जाता है। वे एक साथ रहते हैं क्योंकि अकेले रहने से डरते हैं, साथ ही दूसरों की राय और परख से भी डरते हैं। उन्हें तो अपनी राय और परख से भी डर लगता है। पर प्रेम कहाँ है?

वह दावा करता था कि उसने कई ऐसे वृद्ध जोड़े देखे हैं जो तीस, चालीस या पचास साल से एक साथ रहते आ रहे हैं और उन्हें एक साथ इतने बरस रहने पर बहुत गर्व था। पर जब उनके संबंध के बारे में पूछा गया, तो उन्होंने कहा, हमने अपने वैवाहिक संबंध को बचाए रखा। इसका मतलब था कि उनमें से एक ने दूसरे के लिए समर्पण किया; एक निश्चित समय में, उनमें से किसी एक ने तय किया होगा कि उसे समर्पण करके संबध को बचाना है, कष्ट सहना है। मज़बूत संकल्प शक्ति और कम ज़रूरतवाले व्यक्ति ने वह लड़ाई जीती होगी पर क्या अब भी उनके बीच प्रेम की चिंगारी बची है? वे एक-दूसरे के साथ किसी संपत्ति की तरह पेश आते हैं: 'वह मेरी है।', 'वह मेरा है।'

वह आदमी लगातार कारण पर कारण पेश करता जाता कि उसके अनुसार प्रेम का अस्तित्व क्यों नहीं था और वह दूसरों को कहता, 'मैंने वह सब पहले ही कर लिया है। अब मैं किसी को इजाज़त नहीं दे सकता कि वह मेरे दिमाग से खेले या प्रेम के नाम पर मेरे जीवन को अपने अधीन करे।' उसके तर्क जायज़ थे और उसने बहुत से लोगों को अपने इन शब्दों पर राजी कर लिया कि 'प्रेम का कोई अस्तित्व नहीं होता।'

फिर एक दिन वह आदमी पार्क में टहल रहा था और वहीं बेंच पर एक सुंदर युवती बैठी रो रही थी। उसने उसे रोते हुए देखा तो उसके मन में कौतूहल जागा। उसने युवती से पूछा कि वह रो क्यों रही थी। आपको यह जानकर आश्चर्य होगा कि रोनेवाली युवती ने उससे कहा कि वह रो रही थी क्योंकि प्रेम का कोई अस्तित्व नहीं है। वह बोला, 'यह तो बहुत अच्छी बात है - एक युवती यह मानती है कि प्रेम कहीं नहीं होता!' बेशक अब वह उस युवती के बारे में और अधिक जानना चाहता था।

'तुमने ऐसा क्यों कहा कि प्रेम का अस्तित्व नहीं होता?' उसने पूछा।

युवती बोली, 'लंबी कहानी है। मैं बहुत छोटी थी, जब मेरा विवाह हो गया। मेरा प्रेम, मेरे भ्रम और उम्मीदें मेरे साथ थे और मुझे लगा कि मैं उस आदमी के साथ अपना जीवन बिता दूँगी। हमने एक-दूसरे से वफादारी, सम्मान और आदर के साथ रहने का वादा किया और हमने परिवार बनाया। पर जल्दी ही सब बदल गया। मैं एक समर्पित पत्नी की तरह घर और बच्चों को संभालती थी। मेरे पति ने अपने कैरियर पर ध्यान दिया। तब घर के बाहर उसकी छवि और कामयाबी ही उनके लिए मुझसे और हमारे परिवार से कहीं ज्यादा हो गई। उसके मन में मेरे लिए सम्मान नहीं रहा और मैं भी उसका आदर नहीं कर पाती थी। हम एक-दूसरे को दुःख देते थे और फिर एक दिन मैंने पाया कि मैं उससे प्रेम नहीं करती थी और वह भी मुझे प्रेम करना छोड़ चुका था।

'पर बच्चों को पिता की ज़रूरत थी और मैं इसी बहाने से उसी घर में बनी रही और अपना सारा सहयोग देती रही। अब बच्चे बड़े हो गए और हमें छोड़कर जा चुके हैं। मेरे पास उसके साथ रहने का कोई बहाना नहीं रहा। हमारे बीच कोई सम्मान या आदर का भाव नहीं है। मुझे पता है कि अगर मुझे कोई और मिल गया तो भी यही हाल होगा क्योंकि प्रेम का कोई अस्तित्व ही नहीं है। जब कोई चीज़ है ही नहीं तो उसे इधर-उधर खोजने की कोई तुक नहीं बनती। यही वजह है कि मैं रो रही हूँ।'

युवती की बात अच्छी तरह समझने के बाद उस व्यक्ति ने उसे गले से लगा लिया और कहा, 'तुमने सही कहा, प्रेम का अस्तित्व ही नहीं होता। हम खुले मन से आगे बढ़कर प्रेम की खोज करते हैं और हमें स्वार्थ के सिवा कुछ नहीं मिलता। हमें पता भी नहीं चलता और वह हमें ठेस देने लगता है। इससे कोई अंतर नहीं पड़ता कि हम कितने संबंधों में रहे, बार-बार वही सब दोहराया जाता है। फिर हम प्रेम की खोज ही क्यों करें?'

वे दोनों काफी हद तक एक जैसे थे और उनमें गहरी दोस्ती हो गई। यह एक अद्‌भुत संबंध था। आपस में सम्मान का भाव था और वे एक-दूसरे को नीचा नहीं दिखाते थे। वे हर कदम एक साथ उठाते और प्रसन्न रहते। उनके बीच कोई जलन नहीं थी क्योंकि दोनों ओर से नियंत्रण या मालिकाना हक का भाव नहीं था। उनका संबंध दिन-ब-दिन बढ़ता गया। उन्हें एक साथ रहना पसंद था क्योंकि जब वे एक साथ होते तो बहुत मज़ा करते। जब वे साथ न होते तो उन्हें एक-दूसरे की बहुत याद सताती।

एक दिन जब वह आदमी शहर के बाहर गया तो उसे एक अजीब सा विचार आया। वह सोच रहा था, 'हम्म, हो सकता है कि मैं उसके लिए जो महसूस कर रहा हूँ, वही प्रेम हो। पर ये तो उससे बहुत अलग है जो मैंने पहले महसूस किया था। यह तो वह नहीं है जिसके बारे में कवि या धर्म बताते हैं क्योंकि मैं उसके लिए जवाबदेह नहीं हूँ। मैं उससे कुछ नहीं चाहता और यह भी नहीं चाहता कि वह मेरी देख-रेख करे। मुझे अपनी परेशानियों के लिए उसे दोषी ठहराने की ज़रूरत नहीं है या मैं अपने दुःख उस पर नहीं डालना चाहता। हम एक साथ बहुत अच्छा समय बिताते हैं; एक दूसरे का आनंद लेते हैं। मैं उसकी सोच की कद्र करता हूँ। उसके एहसासों का मान करता हूँ। वह मुझे शर्मिंदा नहीं करती; वह मुझे परेशान नहीं करती। जब वह दूसरों के साथ होती है तो मुझे जलन नहीं होती। मुझे उसकी कामयाबी से जलन नहीं होती। शायद प्रेम का अस्तित्व होता है पर ये वैसा नहीं है जैसा दूसरे लोग समझते हैं।'

वह घर जाकर उससे बात करने को बेताब था, वह उसे बताना चाहता था कि आज उसने क्या सोचा। ज्यों ही उसने बात करनी चालू की तो युवती बोली, 'मैं जानती हूँ कि तुम क्या कह रहे हो। मेरे मन में भी यही बात आई थी पर मैंने तुमसे नहीं कहा क्योंकि मैं जानती हूँ कि तुम्हें प्रेम पर भरोसा नहीं है। शायद प्रेम होता है पर वैसा नहीं होता जैसे हम इसे मानते और सोचते हैं।' उन्होंने तय किया कि वे प्रेमी बनकर आजीवन साथ रहेंगे और यह एक आश्चर्य था कि आगे जाकर भी कुछ नहीं बदला। वे अब भी एक-दूसरे का आदर करते हैं, एक-दूसरे का सहारा बनते हैं और उनका प्रेम बढ़ता ही जाता है। सरल और सादी चीज़ें भी उनके दिल के लिए प्रेम का तराना बन जाती हैं क्योंकि वे प्रसन्न रहते हैं।

उस व्यक्ति का मन प्रेम से इतना लबालब भरा था कि एक रात एक करिश्मा हुआ। वह सितारों को देख रहा था और उसे सबसे सुंदर सितारा दिखाई दिया। उसका प्रेम इतना बड़ा था कि वह सितारा आकाश से नीचे उतरने लगा और कुछ ही देर में वह सितारा उसके हाथों में था। फिर एक और करिश्मा हुआ, उसकी आत्मा उस सितारे में लीन हो गई। वह असीम प्रसन्नता से भर गया। वह चाहता था कि वह जल्दी से उस युवती के पास जाए और उसके हाथों में वह सितारा रखकर अपने प्रेम का प्रमाण दे दे। ज्यों ही उसने वह सितारा युवती के हाथ में रखा तो वह संदेह से भर गई। यह प्रेम द्रवित कर देनेवाला था और उसी एक क्षण में उसके हाथ से सितारा फिसला और नीचे गिरकर लाखों नन्हे टुकड़ों में बदल गया।

अब एक बूढ़ा आदमी पूरी दुनिया में घूम-घूमकर कसमें खा रहा था कि प्रेम

कहीं नहीं होता। वहीं घर में एक सुंदर युवती, एक युवक के आने की प्रतीक्षा में थी। उसने उस स्वर्ग के लिए आँसू बहाए, जो कभी उसके हाथों में आया था पर संदेह के उस एक क्षण में उसने उसे खो दिया। यह उस व्यक्ति की कहानी है जिसने कभी विश्वास नहीं किया कि प्रेम होता है।

गलती किसकी थी? क्या आप अनुमान लगाना चाहते हैं कि क्या हुआ होगा? यह गलती उस व्यक्ति से हुई जिसने यह सोचा कि वह उस औरत को अपनी प्रसन्नता दे सकता था। वह सितारा उसकी प्रसन्नता था और उसने अपनी खुशी उस युवती के हाथों में सौंप दी। प्रसन्नता कहीं बाहर से आनेवाली चीज़ नहीं है। यह हमेशा हमारे भीतर से आती है। वह प्रसन्न था क्योंकि उससे प्रेम बाहर आ रहा था; वह युवती प्रसन्न थी क्योंकि प्रेम उसकी ओर आ रहा था। परंतु ज्यों ही उसने अपनी प्रसन्नता के लिए उस युवती को जवाबदेह बनाया, तो उसने सितारा तोड़ दिया क्योंकि वह उसकी प्रसन्नता का दायित्व नहीं ले सकती थी।

भले ही उस युवती ने उससे कितना प्यार किया हो, वह उसे प्रसन्न नहीं कर सकती थी क्योंकि वह नहीं जान सकती थी कि उसके मन में क्या चल रहा था। वह कभी नहीं जान सकती थी कि उस व्यक्ति की अपेक्षाएँ क्या थीं क्योंकि वह उसके सपनों को नहीं जानती थी।

अगर आप अपनी प्रसन्नता को किसी दूसरे के हाथों में रखते हैं तो देर-सवेर, वह उसे तोड़ ही देगा/देगी। अगर आप अपनी प्रसन्नता किसी दूसरे को देंगे तो वह उसे आपसे ले लेगा। यदि वह प्रसन्नता आपके भीतर से आ रही है और आपके प्रेम की उपज है तो आप अपनी प्रसन्नता के लिए जवाबदेह हैं। हम अपनी प्रसन्नता के लिए कभी किसी दूसरे को जवाबदेह नहीं बना सकते पर जब हम विवाह करने के लिए चर्च जाते हैं, तो सबसे पहले हम आपस में अंगूठियाँ बदलते हैं। हम अपने सितारे एक-दूसरे के हाथों में पहनाकर उम्मीद करते हैं कि वह आपको प्रसन्न करेगी और आप उसे प्रसन्न रखेंगे। इससे कोई फर्क नहीं पड़ता कि आपने किसी को कितना प्रेम किया, आप वैसे कभी नहीं बन सकते, जो वह व्यक्ति आपको बनाना चाहता है।

हममें से अधिकतर लोग आरंभ से ही यही भूल करते हैं। हम अपनी प्रसन्नता का आधार अपने साथी को बना लेते हैं और यह तरीका कभी काम नहीं करता। हम ऐसे वादे करते हैं जिन्हें कभी पूरा नहीं कर सकते और हम खुद को असफलता की ओर धकेल देते हैं।

4
प्रेम की राह, भय की राह

आपका पूरा जीवन एक सपने से ज़्यादा नहीं है। आप एक फैंटेसी में जीते हैं, जिसमें आप अपने बारे में जो भी जानते हैं, वह केवल आपके लिए ही सच है। आपका सच किसी दूसरे का सच नहीं है और इसमें आपके अपने बच्चे और आपके माता-पिता भी शामिल हैं। ज़रा सोचें कि आप अपने बारे में क्या मानते हैं या आपकी माँ आपके बारे में क्या विश्वास रखती है। वह कह सकती है कि वह आपको अच्छी तरह जानती है पर आप जानते हैं कि ऐसा नहीं है। आप विश्वास कर सकते हैं कि आप अपनी माँ को अच्छी तरह जानते हैं पर आपको वास्तव में नहीं पता कि वह क्या है। उसके अपने मन में ऐसी कल्पनाएँ हैं, जो उसने कभी किसी से नहीं कहीं। आपको कुछ नहीं पता कि आपकी माँ के मन में क्या चल रहा है।

अगर आप अपने जीवन को देखें और यह याद करने की कोशिश करें कि जब आप ग्यारह और बारह वर्ष के थे तो आपने क्या किया? आपको अपने जीवन के पाँच प्रतिशत से अधिक याद नहीं आनेवाला। बेशक आपको सारी अहम बातें याद होंगी जैसे आपका नाम क्योंकि इसे आप लगातार दोहराते हैं। पर कई बार आप अपने बचपन का या अपने दोस्तों का नाम भूल जाते हैं - बहुत सारे छोटे सपनों को भूल जाते हैं जो निरंतर बदलते रहते हैं। सपने अक्सर विलीन हो जाते हैं इसलिए हम उन्हें भूल भी जाते हैं।

हर इंसान के पास जीवन का निजी सपना होता है और वह सपना किसी भी दूसरे इंसान के सपने से पूरी तरह से अलग हो सकता है। हम अपने विश्वासों के अनुसार ही सपने देखते हैं और हम अपने सपनों को अपनी परख और अपने पीड़ाग्रस्त होने के तरीके के हिसाब से बदलते हैं। यही कारण है कि किन्हीं दो लोगों के सपने एक से नहीं होते। किसी संबंध में, हम एक होने, एक जैसा सोचने, एक जैसा महसूस करने और एक जैसा सपना देखने का दिखावा कर सकते हैं, परंतु ऐसा कभी नहीं होता। दो सपनों के साथ, दो सपने देखनेवाले हैं। हर सपने देखनेवाला, अपने ही तरह से सपना देखेगा। यही वजह है कि हमें दो सपने देखनेवालों के बीच के अंतर को स्वीकार करना होता है; हमें उनमें से प्रत्येक के सपने का आदर करना चाहिए।

हम एक बार में हज़ारों तरह के संबंध रख सकते हैं पर हर संबंध केवल दो लोगों के बीच होता है, किसी तीसरे के साथ नहीं होता। मैं अपने हर दोस्त के साथ एक संबंध रखता हूँ और वह केवल हम दोनों के बीच है।

मेरा अपने हर बच्चे के साथ एक संबंध है और मेरे दूसरे बच्चों के संबंध से अलग है। दो लोग जिस तरह सपने देखते हैं, उसके अनुसार, वे उस सपने की दिशा तय करते हैं जिसे हम संबंध कहते हैं। हमारा हर संबंध - माता से, पिता से, भाईयों से, बहनों से, दोस्तों से - अपने आपमें अनूठा है क्योंकि हमने एक छोटा सपना मिलकर देखा है। हर संबंध, दो सपने देखनेवालों के मेल से सजीव हो जाता है।

जिस तरह आपका शरीर कोशिकाओं के मेल से बना है, उसी तरह आपके सपने भावों से बने हैं। इन भावों के दो प्रमुख स्रोत हैं : एक भय है और उससे आनेवाले सारे भाव इसमें शामिल हैं और दूसरा है, प्रेम और प्रेम से आनेवाले सभी भाव। हमें दोनों तरह के भावों का अनुभव होता है परंतु हमारे जीवन में भय का भाव सबसे आगे होता है। हम कह सकते हैं कि संसार के पिचानवे प्रतिशत संबंध सामान्य तौर पर भय की उपज हैं और बाकी पाँच प्रतिशत प्रेम पर आधारित हैं। बेशक, लोगों के अनुसार यह बदल भी सकता है परंतु अगर भय साठ प्रतिशत और प्रेम चालीस प्रतिशत है, तो फिर भी यह भय पर आधारित है।

इन भावों को समझने के लिए, हमें प्रेम और भय के निश्चित गुणों व लक्षणों को 'प्रेम की राह' और 'भय की राह' का नाम दे सकते हैं। ये दोनों ही रास्ते केवल संदर्भ बिंदु हैं जो बताते हैं कि हम अपना जीवन कैसे जी रहे हैं। ये विभाजन तार्किक मन के लिए हैं जो हमारी ओर से लिए जानेवाले चुनावों को समझकर उन्हें बस में

कर सके। आइए, प्रेम और भय के कुछ लक्षणों को देखें।

प्रेम में कोई मेहरबानी या बंधन नहीं होता। भय में बंधन ही बंधन हैं। भय के रास्ते पर हम जो भी करते हैं, वह इसलिए करते हैं कि हमें वह सब करना पड़ता है और हम दूसरों से भी कुछ करने की उम्मीद करते हैं क्योंकि उन्हें कुछ तो करना ही होगा। हम इस बाध्यता में होते हैं और इसके सामने आते ही हम इसका विरोध करते हैं। जितना अधिक प्रतिरोध होता है, हम उतना ही दुःख पाते हैं। देर-सवेर, हम इन कामों से बचना चाहते हैं। वहीं दूसरी ओर, प्रेम में कोई प्रतिरोध नहीं होता। हम जो भी करते हैं, वह केवल इसलिए करते हैं क्योंकि हम उसे करना चाहते हैं। यह हमारे लिए आनंद बन जाता है; एक खेल की तरह लगता है और हम इसका पूरा मज़ा लेते हैं।

प्रेम में कोई अपेक्षा नहीं होती। भय अपेक्षाओं से भरा है। भय के साथ किए जानेवाले कामों को इसलिए करना पड़ता है क्योंकि हमें करने ही हैं और हम उम्मीद करते हैं कि दूसरे भी उन्हें इसी तरह करेंगे। यह वजह है कि भय दुःख देता है और प्रेम में दुःख नहीं होता। हम किसी चीज़ की उम्मीद करते हैं और जब वह पूरी नहीं होती, तो हमारे दिल को ठेस लगती है, यह जायज़ नहीं है। हम दूसरों को दोष देते हैं कि वे हमारी उम्मीदों पर खरे नहीं उतरे। जब हम प्रेम करते हैं तो कोई अपेक्षा नहीं रखते; हम कोई काम इसलिए करते हैं क्योंकि हम करना चाहते हैं और चाहे दूसरे इसे करें या न करें, यह इसलिए होता है कि वे करना चाहते हैं या नहीं और इसे निजी तौर पर नहीं लेना चाहिए। जब हम बदले में कुछ पाने की अपेक्षा नहीं रखते और कुछ नहीं होता, तो यह अहम नहीं होता। हमारे दिल को ठेस नहीं लगती क्योंकि जो भी हो रहा है, वही ठीक है। यही वजह है कि जब हम प्रेम में होते हैं तो हमारे दिल को ठेस नहीं लगती क्योंकि हम यह उम्मीद नहीं कर रहे कि हमारा प्रेमी कुछ करेगा और हम भी किसी तरह के बंधन में नहीं होते।

प्रेम सम्मान पर आधारित होता है। भय अपने सिवा किसी का सम्मान नहीं करता। अगर मुझे आपके लिए अफसोस है तो इसका मतलब है कि मैं आपका आदर नहीं करता। आप अपने चुनाव नहीं कर सकते। जब मुझे आपके लिए चुनाव करने हों तो उस बिंदु पर मैं आपका आदर नहीं करता। अगर मैं आपका आदर नहीं करता तो मैं आपको अपने बस में करने की कोशिश करता हूँ। जब हम अपने बच्चों से कहते हैं कि वे अपना जीवन कैसे जीएँ तो उस समय हमारे मन में उनके लिए आदर का भाव नहीं होता। हमें उनके लिए खेद होता है और हम उनके लिए वह

करने की कोशिश करते हैं, जो उन्हें स्वयं करना चाहिए। जब मैं अपना आदर नहीं करता, अपने लिए शर्मिंदा महसूस करता हूँ, तो मुझे लगता है कि मैं इस योग्य नहीं कि संसार में अपनी जगह बना सकूँ। आपको कैसे पता चलता है कि आप अपना आदर नहीं कर रहे? जब आप कहते हैं, 'हाय! मैं कितना बेचारा हूँ। मैं न तो सुंदर हूँ और न ही समझदार। मैं कुछ नहीं कर सकता।' इस अनादर से अपने लिए तरस का भाव पैदा होता है।

प्रेम कठोर होता है; यह किसी के लिए दुःखी नहीं होता पर इसमें करुणा छिपी है। भय में तरस छिपा है; यह सबके लिए अफसोस करता है। जब आप मेरा आदर नहीं करते तो आप मेरे लिए अफसोस करते हैं, आपको लगता है कि मैं यह काम नहीं कर सकूँगा। वहीं दूसरी ओर प्रेम सम्मान देता है। मैं आपसे प्रेम करता हूँ, मुझे पता है कि आप यह काम कर सकते हो। मुझे पता है कि आप ताकतवर हो, समझदार और योग्य हो कि आप अपने चुनाव स्वयं कर सकते हो। आप यह कर सकते हैं। अगर आप गिरोगे तो मैं आपको अपना सहारा दे सकता हूँ, मैं आपको उठने में मदद कर सकता हूँ। मैं कह सकता हूँ, 'तुम कर सकते हो, आगे बढ़ो।' यह करुणा है पर इसमें अफसोस जताने का भाव नहीं है। करुणा प्रेम और आदर से जन्म लेती है; सम्मान के अभाव और भय के कारण आप किसी के लिए खेद प्रकट करते हैं।

प्रेम पूरी तरह से उत्तरदायी है। भय दायित्व लेने से बचता है पर इसका अर्थ यह नहीं कि यह जिम्मेदार नहीं होता। जिम्मेदारी से बचने की कोशिश, हमारी सबसे बड़ी भूल हो सकती है क्योंकि हर क्रिया की एक प्रतिक्रिया होती है। हम जो भी सोचते हैं, जो भी करते हैं, उसका एक नतीजा होता है। अगर हम कुछ चुनते हैं तो हमें उसका नतीजा भी भुगतना होता है। अगर हम कोई चुनाव नहीं करते तो हमें उसका भी नतीजा भुगतना होता है। दोनों ही तरह से हमें अपने कर्मों का फल भुगतना ही होगा।

यही वजह है कि हर इंसान अपने कामों के लिए स्वयं ही उत्तरदायी है, भले ही वह ऐसा न चाहे। दूसरे लोग आपकी भूल की कीमत अदा करने की कोशिश कर सकते हैं, पर आपको कभी न कभी अपनी भूलों की कीमत चुकानी ही होगी और फिर आप दुगनी कीमत भरेंगे। जब दूसरे आपकी जिम्मेदारी लेने की कोशिश करते हैं तो इससे तमाशे के सिवा कुछ नहीं होता।

प्रेम हमेशा से दयालु रहा है। भय हमेशा अदयालु होता है। भय के साथ बंधन,

अपेक्षा, अनादर का भाव है। हम जिम्मेदारी से बचते हुए दूसरों के लिए खेद प्रकट करते हैं। हम इतने भयभीत होने के बाद अच्छा कैसे महसूस कर सकते हैं? हमें लगता है हमें हर कोई चोट दे रहा है; इसी वजह से हम नाराज़ या उदास रहते हैं। हमें जलन होती है और लगता है कि हमें धोखा दिया गया है।

गुस्सा भी उस भय को छिपाने का एक मुखौटा ही है। उदासी भी उस भय का मुखौटा है। ईर्ष्या भय का मुखौटा है। भय से आनेवाले ये सभी भाव दुःख पैदा करते हैं, हम केवल दयालु बनने का दिखावा कर सकते हैं। हम दयालु नहीं हैं क्योंकि हम अच्छा महसूस नहीं करते, हम खुश नहीं हैं। अगर आप प्रेम की राह पर हैं तो कोई बंधन या अपेक्षा नहीं होगी। आपको अपने या अपने साथी के लिए शर्मिंदा नहीं होना होगा। आपके लिए सब कुछ सही तरह से चलेगा और इस तरह आपके चेहरे पर हमेशा मुस्कान सजी रहेगी। आप अपने बारे में अच्छा महसूस कर रहे हैं, आप प्रसन्न हैं और आप दयालु बन गए हैं। प्रेम की दयालुता आपको उदार बनाती है और सारे दरवाजे खोल देती है। प्रेम उदार है। भय स्वार्थी है; यह केवल मेरे बारे में होता है। स्वार्थपरता सारे दरवाजे बंद कर देती है।

प्रेम बेशर्त होता है। भय में शर्तें ही शर्तें हैं। भय की राह में; मैं प्रेम करता हूँ, अगर तुम अपना नियंत्रण मुझे दे सको, अगर तुम मेरे लिए अच्छे हो और मेरी बनाई छवि में फिट हो सकते हो तो मैं तुमसे प्रेम करता हूँ। मैंने एक छवि बनाई है कि तुम्हें कैसा होना चाहिए और चूँकि तुम वैसे नहीं हो। और कभी उस छवि की तरह नहीं हो सकोगे तो मैं तुम्हें उसके लिए परखता हूँ और दोषी पाता हूँ। मैं कई बार तुम्हारी वजह से शर्मिंदा होता हूँ क्योंकि तुम वह नहीं जो तुम्हें बनाना चाहता हूँ। अगर तुम मेरी बनाई छवि में फिट नहीं, तो तुम मुझे शर्मिंदा करोगे, मेरे मन में खीझ पैदा करोगे। तब तुम्हारे लिए मेरी सहनशक्ति नहीं रहेगी। मैं दयालुता का दिखावा कर रहा हूँ। प्रेम की राह में कोई किंतु-परंतु या शर्तें नहीं होतीं। मैं तुम्हें बिना किसी कारण या स्पष्टीकरण के चाहता हूँ, तुम जो हो, वही रहने को स्वतंत्र हो। अगर मुझे तुम्हारा साथ पसंद नहीं तो बेहतर यह होगा कि मैं तुम्हारे साथ होने के बजाए किसी ऐसे के साथ रहूँ, जो मेरी पसंद के दायरे में आता है। हमें किसी को भी बदलने का हक नहीं है और किसी को हमें बदलने का हक नहीं है। अगर हम बदलने जा रहे हैं, तो वह इसलिए है कि हम बदलना चाहते हैं क्योंकि अब हम और कष्ट नहीं सहना चाहते।

अधिकतर लोग अपना पूरा जीवन भय की राह में ही बिता देते हैं। वे संबंध में

इसलिए हैं क्योंकि उन्हें लगता है कि उन्हें ऐसा होना ही होगा। वे ऐसे संबंध में हैं जिसमें वे अपने साथी और अपने बारे में बहुत सी उम्मीदें रखते हैं। यह सारा तमाशा और दुःख केवल इसलिए है कि हम संप्रेषण के ऐसे माध्यम को उपयोग में ला रहे हैं, जो हमारे जन्म से भी पहले मौजूद थे। लोग एक-दूसरे को परखते हैं और दुःख पाते हैं, वे एक-दूसरे के बारे में बातें करते हैं, अपने दोस्तों के बारे में बातें करते हैं। वे परिवार के सदस्यों के बीच नफरत फैलाते हैं। वे भावात्मक विष जमा कर, उसे अपने बच्चों तक पहुँचा देते हैं। 'अपने पिता को देखो। उसने मेरे साथ क्या किया। अपने पिता की तरह मत बनना। सभी मर्द ऐसे ही होते हैं; सारी औरतें ऐसी ही होती हैं।' हम जिन्हें सबसे ज़्यादा प्यार करते हैं, हम उनके साथ यह सब करते हैं - अपने बच्चों के साथ, अपने दोस्तों के साथ, अपने साथियों के साथ।

भय की राह में हम बहुत सारी शर्तों, बंधनों और उम्मीदों के साथ होते हैं। हम स्वयं को उस भावात्मक पीड़ा से बचाने के लिए बहुत सारे नियम बना लेते हैं। जबकि सच तो यह है कि ऐसे कोई नियम नहीं होने चाहिए। ये नियम, हमारे बीच संप्रेषण के माध्यम की गुणवत्ता को प्रभावित करते हैं क्योंकि जब हम डरे हुए होते हैं, तो हम झूठ बोलते हैं। अगर आपको उम्मीद है कि मुझे एक खास तरह से रहना होगा, तो मुझे मजबूरन ऐसा करना पड़ेगा। सच तो यह है कि मैं वह नहीं हूँ, जैसा तुम मुझे चाहते हो। जब मैं पूरी ईमानदारी से वही होता हूँ, जो मैं हूँ तो उससे तुम्हारे दिल को ठेस लगती है, तुम नाराज़ हो जाते हो। फिर मैं तुमसे झूठ बोलता हूँ क्योंकि मुझे तुम्हारी परख से भय होता है। मुझे भय है कि तुम मुझे दोष दोगे, मुझे दोषी मानकर सजा दोगे। और जब भी तुम्हें याद आएगा, तुम बार-बार उसी भूल के लिए मुझे सजा देते रहोगे।

प्रेम की राह में न्याय होता है। अगर तुम भूल करते हो तुम्हें केवल एक ही बार उस भूल की कीमत अदा करनी होती है। अगर तुम अपने आपसे सच्चा प्रेम करते हो तो तुम अपनी भूलों से सीखते हो। भय की राह में कोई इंसाफ नहीं होता। आप एक ही भूल की हज़ार बार कीमत चुकाते हैं। आप अपने साथी और दोस्त के साथ भी ऐसा ही करते हैं कि वे एक ही भूल की हज़ार बार कीमत अदा करें। इस तरह अन्याय का भाव पैदा होता है और कई भावात्मक घावों के मुँह खुल जाते हैं। तब निश्चित रूप से आप असफल होते हैं। इंसानों के पास तमाशे की कमी नहीं। वे छोटी और सादी दिखनेवाली बातों में भी तमाशा खोज लेते हैं। हम नर्क के सामान्य संबंधों में यही सब देखते हैं क्योंकि वे जोड़े भय की राह पर चल रहे हैं।

***

हर संबंध में, उस संबंध के दो हिस्से होते है। उसमें एक हिस्सा आप और दूसरा आधा हिस्सा आपका बेटा, बेटी, आपके पिता, आपकी माता, आपके दोस्त या फिर साथी है। उन संबंधों में आप केवल अपने हिस्से के लिए जवाबदेह हैं, आप दूसरे हिस्से की जवाबदेही नहीं रखते। इससे कोई अंतर नहीं पड़ता कि आप भले ही खुद को कितना निकट मानें, आपका प्रेम कितना भी ताकतवर क्यों न हो, आप दूसरे के दिमाग में चल रही बातों के लिए किसी भी तरह से उत्तरदायी नहीं हो सकते। आप कभी नहीं जान सकते कि वह कैसा महसूस करता है, वह क्या विश्वास रखता है या फिर क्या अनुमान लगाता है। आप उस इंसान के बारे में कुछ नहीं जान सकते। यही सच है परंतु हम क्या करते हैं? हम दूसरे आधे हिस्से को जिम्मेदार ठहराने की कोशिश करते हैं और यही वजह है कि नर्क के संबध भय, तमाशे और नियंत्रण के युद्ध पर आधारित होते हैं।

अगर हम आपस में नियंत्रण करने की सोच के साथ हैं तो इसका अर्थ है कि हमारे मन में कोई आदर नहीं है। सच यही है कि हम आपस में प्रेम नहीं करते। यह कोई प्रेम नहीं, स्वार्थपरता है। यह बस वही थोड़ी सी खुराक है जो हमें बेहतरी का एहसास देती है। जब हमारे मन में सामनेवाले के लिए सम्मान नहीं होता तो एक-दूसरे को नियंत्रित करने का संघर्ष होता है क्योंकि हर आदमी दूसरे आदमी के लिए जिम्मेदार महसूस करता है। मुझे आपके लिए जवाबदेह होना होगा क्योंकि आपके साथ जो भी होगा, उससे मुझे दुःख होगा और मैं उस दुःख व पीड़ा से बचना चाहता हूँ। अगर मैं देखता हूँ कि आप जवाबदेह नहीं हैं तो मैं आपको हर बार ठोकर दूँगा ताकि आपको जवाबदेह बनाया जा सके, यह सब मेरे नज़रिए के कारण होगा। इसका मतलब यह नहीं कि मैं सही हूँ।

जब हम भय की राह पर होते हैं तो ठीक यही सब होता है। आपस में सम्मान का भाव नहीं होता इसलिए मैं इस तरह पेश आता हूँ कि आप अपना अच्छा और बुरा जानने के लायक समझदार या सयाने नहीं हैं। मैं अनुमान लगा लेता हूँ कि आप इस लायक नहीं कि इन हालात का सामना कर सकें और अपना ध्यान रख सकें। मुझे ही नियंत्रण संभालना होगा और मैं कहता हूँ, 'मैं तुम्हारे लिए इसे कर देता हूँ।' या 'तुम ऐसा मत करो।' मैं तुम्हारे उस आधे संबंध को दबाने की कोशिश करता हूँ और सारा नियंत्रण अपने हाथ में ले लेता हूँ। अगर मैं सारे संबंध का नियंत्रण अपने हाथ में ले लेता हूँ, तो तुम्हारा हिस्सा कहाँ गया? यह तरीका तो कारगर नहीं है।

हम दूसरे आधे हिस्से के साथ सब कुछ बाँट सकते हैं, आनंद उठा सकते हैं,

एक साथ मिलकर अद्‌भुत सपना रच सकते हैं। पर उस दूसरे आधे हिस्से के पास हमेशा अपना सपना होगा, उसकी अपनी मर्जी होगी और हम भले ही कितनी भी कोशिश क्यों न करें, हम उसके सपने को अपने बस में नहीं कर सकते। फिर हमारे पास एक चुनाव होता है: हम आपस में संघर्ष करते हुए नियंत्रण का युद्ध छेड़ सकते हैं या फिर खेल में शामिल होनेवाले साथी हो सकते हैं। एक ही टीम में खेलनेवाले खेलते तो हैं पर एक-दूसरे के खिलाफ नहीं होते। वे आपस में मिलकर खेलते हैं।

अगर आप टेनिस खेल रहे हैं तो आपके साथ एक साथी होगा, आप एक टीम हैं और आप कभी एक-दूसरे के खिलाफ नहीं होंगे - कभी भी नहीं। चाहे आप दोनों अलग तरह से टेनिस खेल रहे हैं। आपका लक्ष्य एक ही है, आपको एक साथ मिलकर खेलना है, खेलने का मज़ा लेना है। अगर आपका साथी खेल को अपने नियंत्रण में करना चाहे और कहे, 'मुझे ऐसे नहीं खेलना। खेल को इस तरह खेलो। तुम गलत तरह से खेल रहे हो।' तब आपका मज़ा जाता रहेगा। आप उस खिलाड़ी या साथी के साथ खेलना ही नहीं चाहेंगे। आपका साथी टीम बनने के बजाए इस बात को नियंत्रण में रखना चाहता है कि आप कैसे खेलते हैं। और किसी टीम के अभाव में, आप हमेशा संघर्ष में रहेंगे। अगर आप अपने साथी, अपने रोमानी संबंध को एक टीम की तरह देखेंगे तो हर चीज़ में धीरे-धीरे सुधार आने लगेगा। एक संबंध में, किसी खेल की तरह हार या जीत की बात नहीं होती। आप इसलिए खेल रहे हैं क्योंकि आपको आनंद आ रहा है।

प्रेम की राह में आप पाने की तुलना में अधिक देना सीखते हैं। और आप स्वयं से इतना अधिक प्रेम करते हैं कि आप स्वार्थी लोगों को अपना नाजायज़ फायदा नहीं उठाने देते। आप किसी से बदला नहीं लेनेवाले पर आपका संप्रेषण पूरी तरह से स्पष्ट है। आप कह सकते हैं, 'जब तुम मेरा फायदा उठाने की कोशिश करते हो तो मुझे यह पसंद नहीं आता, मुझे अच्छा नहीं लगता, जब तुम मेरा अपमान करते हो या मेरे साथ दयालुता से पेश नहीं आते। मैं नहीं चाहता कि कोई मुझे मौखिक, भावात्मक या शारीरिक रूप से प्रताड़ित करे। मुझे हर समय तुम्हारे अपशब्द सुनने की ज़रूरत नहीं है। ऐसा नहीं कि मैं तुमसे बेहतर हूँ; ऐसा इसलिए है कि मुझे सुंदरता से प्यार है। मुझे इंसान पसंद हैं; मुझे जीवन का आनंद लेना पसंद है; मुझे प्रेम से प्रेम है। ऐसा नहीं कि मैं स्वार्थी हूँ, मुझे अपने पास एक बड़ा शिकार नहीं चाहिए। ऐसा नहीं कि मुझे तुमसे प्यार नहीं है, पर मैं तुम्हारे सपने की जिम्मेदारी नहीं ले सकता। अगर तुम मेरे साथ संबंध में हो, तो तुम्हारे जैसे परजीवी के लिए यह मुश्किल होगा

क्योंकि मैं तुम्हारे कचरे के लिए कोई प्रतिक्रिया नहीं दूँगा।' यह कोई स्वार्थपरता नहीं, आत्म-प्रेम है। स्वार्थी, नियंत्रण और भय किसी भी संबंध को तोड़ सकते हैं। उदारता, आज़ादी और प्रेम सबसे सुंदर संबंध बनाते हैं यह एक हमेशा चलनेवाला रोमानी संबंध है।

***

किसी भी संबंध को साधना आपके अपने हाथ है। सबस पहले कदम तो यही होगा कि आप सजग हों और जान लें कि हर कोई अपना सपना देखता है। जब आप एक बार जान लेंगे, तो आप अपने आधे संबंध के लिए जवाबदेह होंगे जो आप हैं। अगर आप यह जानते हैं कि आप उस आधे संबंध के लिए उत्तरदायी हैं तो आप आसानी से अपने आधे हिस्से को वश में रख सकते हैं। आपको दूसरे हिस्से को वश में नहीं करना। अगर हम सम्मान करते हैं, तो हम जानते हैं कि हमारा साथी, दोस्त, बेटा, हमारी माता आदि पूरी तरह से अपने आधे हिस्से के लिए जवाबदेह हैं। अगर हम दूसरे आधे हिस्से का सम्मान करते हैं तो उस संबंध में हमेशा शांति रहेगी। तब कोई आपसी संघर्ष नहीं होगा।

यदि आप जानते हैं कि प्रेम क्या है और भय क्या है तो आप सजग हो रहे हैं कि आपको अपने सपने का दूसरों तक संप्रेषण कैसे करना है। आपके संप्रेषण की गुणवत्ता, हर क्षण में आपके द्वारा किए जा रहे चुनावों पर निर्भर करती है कि आप अपने भावात्मक शरीर को प्रेम से जोड़ेंगे या भय से? अगर आप स्वयं को भय की राह में पाएँ तो उस सजगता के साथ अपने ध्यान को प्रेम की राह तक ले जा सकते हैं। आप कहाँ हैं, यह देखने से आप अपने ध्यान को बदल सकेंगे और फिर आपके आसपास सब कुछ बदल जाएगा।

अगर आपने ध्यान दिया कि कोई दूसरा आपको प्रसन्न नहीं कर सकता और वह प्रसन्नता आपके भीतर से उपजनेवाले प्रेम की देन है तो यह टॉलटेक्स की मास्टरी ऑफ लव की महान मास्टरी कहलाएगी।

हम प्रेम के बारे में बात कर सकते हैं और इसके बारे में हज़ारों किताबें लिख सकते हैं पर प्रेम हम सबके लिए अलग रहेगा क्योंकि हमें प्रेम का अनुभव लेना होगा। प्रेम कोई अवधारणा नहीं, यह एक कर्म है। प्रेम ही ऐसा कर्म है जो प्रसन्नता पैदा कर सकता है। अगर कोई कर्म भय से किया जाए तो पीड़ा के सिवा कुछ नहीं मिलता।

प्रेम को मास्टर करने, इसे साधने का उपाय यही है कि आप प्रेम का अभ्यास करें। आपको अपने प्रेम की सफाई देने की ज़रूरत नहीं, आपको अपने प्रेम को जायज़ ठहराने की ज़रूरत नहीं; बस आपको अपने प्रेम का अभ्यास करना है। अभ्यास ही आपको मास्टर बना सकता है।

5
संपूर्ण संबंध

एक संपूर्ण संबंध की कल्पना करें। आप अपने साथी के साथ हमेशा बहुत प्रसन्न रहते हैं क्योंकि आप अपने लिए संपूर्ण स्त्री या पुरुष के साथ रहते हैं। आप उस व्यक्ति के साथ अपने जीवन को कैसे प्रकट करेंगे?

आप इस व्यक्ति से जो संबंध रखते होंगे, वह काफी हद तक वैसा ही होगा जिस तरह आप अपने कुत्ते से पेश आते हैं। एक कुत्ता, कुत्ता होता है। आप भले ही कुछ भी क्यों न करें, यह कुत्ता ही रहनेवाला है। आप किसी कुत्ते को बिल्ली या फिर घोड़े में नहीं बदल सकते, जो है, सो है। यह एक सच है। वे जो हैं, सो हैं; आप जो हैं, सो हैं। आप मानें या न मानें। आपको अपने साथ पूरी ईमानदारी बरतनी होगी - आपको वही कहना होगा जो आप चाहते हैं, आपको बताना होगा कि आप कुछ करना चाहते हैं या नहीं करना चाहते। आपको यह बात समझनी चाहिए क्योंकि जब आप सही मायनों में समझते हैं, तो आप देखते हैं कि दूसरों के बारे में क्या सच है और केवल वही नहीं देखते जो आप देखना चाहते हैं।

अगर आपके पास कुत्ता या बिल्ली है तो ज़रा सोचें कि आप उसके साथ कैसे पेश आते हैं। मिसाल के लिए, कुत्ते के साथ आपके संबंध पर विचार करते हैं। जानवर जानते हैं कि आपके साथ संपूर्ण संबंध कैसे रखना है। जब आपका कुत्ता कुछ गलत करता है तो आप उसके साथ क्या करते हैं? एक कुत्ता इस बात की परवाह नहीं करता कि आप क्या करते हैं, वह केवल आपसे प्रेम करता है।

उसके मन में कोई अपेक्षा नहीं होती। कितनी अद्भुत बात है न? पर आपके पुरुष मित्र, महिला मित्र, पति या पत्नी के लिए क्या कहें? वे हमेशा आपसे बहुत सारी अपेक्षाएँ रखते हैं, जो समय-समय पर बदल रही हैं।

कुत्ता आपके साथ अपने आधे संबंध के लिए उत्तरदायी है। कुत्ते की ओर से जो आधा संबंध है, वह पूरी तरह से सामान्य है। जब आप घर आते हैं तो वह आपको देखकर भौंकता है, अपनी पूँछ हिलाकर हाँफने लगता है, उसे आपको देखकर खुशी होती है। वह अपना हिस्सा अच्छी तरह निभाता है और आप जान जाते हैं कि यह बढ़िया कुत्ता है। आपका हिस्सा भी बढ़िया है। आप अपनी जिम्मेदारी निभाते हैं, उसे खाना देते हैं, उसका ध्यान रखते हैं और उसके साथ खेलते हैं। आप अपने कुत्ते को बेशर्त प्यार करते हैं और उसके लिए कुछ भी करने को तैयार रहते हैं। आप अपना संबंध अच्छी तरह निभाते हैं और कुत्ता भी अपना संबंध अच्छी तरह निभा रहा है।

अधिकतर लोग कुत्ते के साथ इस तरह के संबंध की कल्पना आसानी से कर लेते हैं पर किसी स्त्री या पुरुष के साथ क्यों नहीं? क्या आपको कोई ऐसा पुरुष या महिला के बारे में पता है, जो अपने आपमें संपूर्ण हो? कुत्ता एक कुत्ता है और आपको इससे कोई परेशानी नहीं है। आपको उसके लिए जिम्मेदार होने की ज़रूरत नहीं कि वह एक कुत्ता बना रहे। कुत्ता भी आपको अच्छा मालिक बनाने की कोशिश नहीं करता। फिर हम किसी स्त्री या पुरुष को उस रूप में प्रेम क्यों नहीं कर सकते, जैसे वे हैं? हम उसे बदलने की कोशिश क्यों करते हैं?

शायद आप सोच रहे हैं, 'हो सकता है कि मैं सही पुरुष या सही स्त्री के साथ नहीं हूँ।' यह एक महत्त्वपूर्ण प्रश्न है। बेशक, आपको अपने लिए सही पुरुष या सही स्त्री का चुनाव करना होगा। और सही पुरुष और सही स्त्री कौन है? कोई ऐसा जो उसी दिशा में जाना चाहता हो, जिसमें आप जा रहे हैं, कोई ऐसा जो आपकी सोच और मूल्यों को मानता हो और वैसे ही मूल्य रखता हो - भावात्मक, शारीरिक, आर्थिक और आध्यात्मिक।

आप कैसे जान सकते हैं कि आपका साथी आपके लिए सही है या नहीं? मान लेते हैं कि आप एक पुरुष हैं और अपने लिए एक स्त्री का चुनाव करने जा रहे हैं। अगर कोई सौ औरतें किसी एक पुरुष को खोज रही हैं और उनमें से हरेक के लिए आप एक संभावना हैं, तो आप इनमें से कितनी स्त्रियों के लिए उचित पुरुष होंगे? उत्तर - आप नहीं जानते। यही कारण है कि आपको खोजबीन करते हुए जोखिम

उठाना होगा। पर मैं आपको बता सकता हूँ कि आपके लिए सही स्त्री वही है, जिसे आप उसी रूप में प्रेम करते हैं, जैसी वह है, आपको उसे बदलने की ज़रूरत महसूस नहीं होती। वही आपके लिए उचित स्त्री होगी। अगर आपको कोई ऐसी स्त्री मिली है तो आप सौभाग्यशाली हैं और इसके साथ ही आप उसके लिए उचित पुरुष हैं।

अगर वह भी आपको उसी रूप में प्रेम करती है जैसे आप हैं और वह आपको बदलना नहीं चाहती, तो वह आपके लिए उचित स्त्री होगी। उसे आपके लिए जवाबदेह नहीं होना है; वह आप पर भरोसा कर सकती है कि आप जो होने का दावा करते हैं, आप वही हैं। वह भी आपको यथासंभव ईमानदारी के साथ दिखा सकती है, जो वह है। वह आपके पास किसी दिखावे के साथ नहीं आएगी, जिसके लिए आगे चलकर पता चले कि वह झूठ था। जो आपसे प्रेम करेगा, वह आपको उसी रूप में सराहेगा, जैसे आप हैं। क्योंकि अगर कोई आपको बदलना चाहता है, तो इसका मतलब है कि आप वह नहीं हैं जो उसे चाहिए। तो फिर वह आपके साथ क्यों है?

आप जानते हैं, अपने कुत्ते को प्यार करना आसान है क्योंकि कुत्ता आपके बारे में कोई राय नहीं रखता। कुत्ता आपको बेशर्त प्रेम करता है। यह बहुत ही अहम बात है। तब अगर आपका साथी भी आपको उसी तरह प्रेम करता है, जैसे आप हैं, तो मानो यह ऐसा ही है जैसे आपका कुत्ता आपको प्यार करता है। आप अपने साथी के साथ ईमानदार हो सकते हैं; आप कोई पुरुष या स्त्री हो सकते हैं, जिस तरह एक कुत्ता आपके साथ कुत्ता बनकर रह सकता है।

जब आप किसी से मिलते हैं तो वह 'हैलो' कहने के बाद सूचना भेजना आरंभ कर देती है। वह आपके साथ अपना सपना बाँटना चाहती है। वह अपना मन आपके साथ बाँटती है जबकि उसे यह भी पता नहीं होता कि वह सही कर रही है या नहीं। आपके लिए हर इंसान को उसी रूप में देखना बहुत आसान है, जैसा वह है। आपको अपने आपसे झूठ बोलने की ज़रूरत नहीं है। आप देख सकते हैं कि आप क्या कर रहे हैं और आपको वह चाहिए या नहीं चाहिए। पर आप दूसरे इंसान को यह दोष नहीं दे सकते कि वह कोई कुत्ता, बिल्ली या घोड़ा है। अगर आप एक कुत्ता चाहते हैं, तो आप बिल्ली क्यों ले रहे हैं? अगर आप एक बिल्ली चाहते हैं, तो आप घोड़ा या चूज़ा लेने क्यों जाएँगे?

आप जानते हैं कि आप अपने लिए कैसा पुरुष या स्त्री मित्र चाहते हैं। कोई ऐसा जिसे देखकर आपका दिल गाने लगे, कोई ऐसा जो आपके साथ तालमेल में

रह सके, कोई ऐसा जो आपको उसी रूप में प्रेम कर सके, जैसे आप हैं। फिर आप खुद को किसी और चीज़ के लिए क्यों प्रस्तुत कर रहे हैं? आप वह क्यों नहीं पा लेते जो आप चाहते हैं। वह जो है, उसे उसी रूप में स्वीकारें। अगर आप ऐसा नहीं कर सकते तो इसका यह मतलब नहीं कि आप उसे प्रेम नहीं करते। इसका मतलब है कि आपने अपना चुनाव किया है। आपकी हामी और इंकार इसी बात पर टिके हैं कि आप स्वयं से प्रेम करते हैं। चुनाव आपका है और आप अपने चुनावों के लिए उत्तरदायी हैं। अगर आपके चुनाव काम नहीं करते, तो ऐसे में आप स्वयं को दोष नहीं देते। आप अपने लिए कोई और चुनाव कर लेते हैं।

परंतु कल्पना करें कि आपने कुत्ता ले लिया और आपको बिल्ली से प्यार है। आप चाहते हैं कि आपका कुत्ता बिल्ली की तरह पेश आए और आप कुत्ते को बदलने की कोशिश करते हैं क्योंकि यह कभी नहीं कहता, 'म्याऊँ'। आप एक कुत्ते के साथ क्या कर रहे हैं? बिल्ली लेकर आइए। इस तरह ही आप एक अच्छा संबंध स्थापित कर सकते हैं। पहले आपको जानना होगा कि आप क्या चाहते हैं, आप इसे कैसे चाहते हैं, आप इसे कब चाहते हैं। आपको सही तरह से जानना होगा कि आपके शरीर की आवश्यकता क्या है, आपके मन की आवश्यकता क्या है और आपके लिए क्या उपयुक्त है।

करोड़ों स्त्री और पुरुष हैं और उनमें से प्रत्येक अनूठा है। उनमें से कुछ का आपके साथ अच्छा मेल होगा और कुछ का आपके साथ कोई मेल नहीं होगा। आप सबसे प्यार कर सकते हैं परंतु आपको जिस इंसान के साथ रोज़ जीवन बिताना है, तो आपका उसके साथ बेहतर सामंजस्य होना चाहिए। उस इंसान को ठीक आपकी तरह होने की ज़रूरत नहीं है; आप दोनों को किसी ताले और चाबी की तरह होना होगा- एक ऐसा मेल जो पूरी तरह से काम करे।

आपको अपने साथ ईमानदार होना होगा, दूसरों के साथ ईमानदार होना होगा। आप वहीं दिखाएँ, जो आप महसूस करते हैं। आप जो नहीं हैं, उसका दिखावा न करें। मानो आप किसी बाज़ार में हैं: आप खुद को बेचने जा रहे हैं और आप खरीदने भी जा रहे हैं। खरीदने के लिए, आप देखना चाहते हैं कि आपको मिलनेवाली वस्तु की गुणवत्ता क्या है। परंतु स्वयं को बेचते हुए, आपको दूसरों को दिखाना है कि आप क्या हैं। यह किसी से बेहतर या बदतर होने की बात नहीं है, यह बात आपके असली रूप से जुड़ी है।

यदि आपको वह दिख रहा है जो आप चाहते हैं, तो जोखिम क्यों नहीं

उठाते? पर यदि आपको वह दिखता है कि यह वह नहीं जो आप चाहते हैं, तो आपको इसकी कीमत चुकानी होगी। तब यह शिकायत न करें, 'मेरा प्रेमी मेरे साथ बुरा बर्ताव करता है।' जबकि यह चीज़ आपको पहले ही दिखाई दी गई थी। अपने आपसे झूठ न कहें। लोगों में वह न खोजें, जो उनके पास है ही नहीं। यही संदेश है। अगर आप जानते हैं कि आप क्या चाहते हैं, तो आप उसे उसी तरह पा लेंगे, जैसे आपका अपने कुत्ते के साथ संबंध था, परंतु वह इससे बेहतर होगा।

आपके सामने जो हो, उसे ही देखें; जो नहीं है, उसे देखने का दिखावा न करें, अंधे न बनें। आपको जो चाहिए, यदि वह नहीं मिलता तो केवल सौदेबाज़ी के लिए झूठ न कहें। अगर आप कुछ ऐसा खरीदते हैं जिसकी आपको ज़रूरत नहीं तो वह अंत में कचरे का ढेर ही होगा। संबंध में भी ऐसा ही होता है। हो सकता है कि आपको यह दुखदायी सबक मिलने में बरसों लगें पर यह एक अच्छी शुरुआत होगी और इसके साथ सब कुछ सहज हो जाएगा क्योंकि अब आप अपने असली रूप में रह सकते हैं।

शायद आप पहले ही उस संबंध में काफी समय का निवेश कर चुके हैं। अगर आपने आगे बढ़ने का चुनाव किया तो आप अपने साथी को उसी रूप में स्वीकार कर प्रेम कर सकते हैं, जैसा वह है। पर पहले आपको एक कदम पीछे हटना होगा। आपको अपने आपको स्वीकार करते हुए, उसी रूप में प्रेम करना होगा जैसे आप हैं। केवल अपने-आपको असली रूप में स्वीकार करके प्रेम करते हुए ही, आप सही मायनों में स्वयं को प्रस्तुत कर सकते हैं। आप जो हैं, सो हैं और कुल मिलाकर यही हैं। आपको कुछ और बनने का दिखावा करने की ज़रूरत नहीं है। जब आप वह दिखावा करते हैं जो आप नहीं हैं, तो आपको असफलता के सिवा कुछ नहीं मिलता।

जब आप स्वयं को उसी रूप में स्वीकार कर लेते हैं, जो आप वास्तव में है तो अगला कदम होता है कि आप अपने साथी को स्वीकारें। अगर आप किसी इंसान के साथ होते हैं तो उसके बारे में कुछ भी बदलने की कोशिश न करें। अपने कुत्ते या बिल्ली की तरह, वह जो भी है, उसे वही रहने दें। वह जो है, उसे वही होने का हक है; उसे मुक्त होने का पूरा अधिकार है। जब आप अपने साथी की आज़ादी में बाधा देते हैं तो आप अपनी ही राह रोकते हैं क्योंकि आपको हमेशा यह देखना होगा कि आपका साथी क्या कर रहा है या नहीं कर रहा। और अगर आप स्वयं से प्रेम करते हैं तो आप अपनी निजी आज़ादी को कभी खोना नहीं चाहेंगे।

क्या आप एक संबंध से मिलनेवाली संभावनाओं को देख सकते हैं? इन संभावनाओं की खोज करें। जो हैं, वही बने रहें। किसी ऐसे इंसान को खोजें जिसका आपके साथ तालमेल बन सके। जोखिम लें, पर ईमानदारी न छोड़ें। अगर वह संबंध काम करे तो उसके साथ चलें। अगर वह काम नहीं करता, तो उस संबंध से बाहर आकर अपने और अपने साथी पर एहसान करें; अपने साथी को भी जाने दें। स्वार्थी न बनें। अपने साथी को यह जानने का अवसर दें कि उसे वास्तव में क्या चाहिए और इसके साथ ही स्वयं को भी अवसर दें। अगर आपका संबंध काम नहीं कर रहा तो आपको दूसरी दिशाओं में देखना होगा। अगर आप अपने साथी को उसके असली रूप में प्रेम नहीं कर सकते तो कोई दसूरा उसे उसी रूप में चाह सकता है जैसे वह है। अपना समय नष्ट न करें और अपने साथी का भी समय नष्ट न करें। यही सम्मान का भाव है।

अगर आप संबंध में देनेवाले हैं और आपका साथी पानेवाला है, यदि आप यही नहीं चाहते, तो हो सकता है कि आप किसी दूसरे के साथ ज़्यादा खुश महसूस करें। पर अगर आपने इसी संबंध में रहने का निर्णय कर लिया है तो अपनी ओर से बेहतरीन करें क्योंकि इसका पुरस्कार भी आपको ही मिलेगा। अगर आप अपने साथी को उसी तरह प्यार कर सके, जैसा वह है, उसके सामने अपना हृदय मुक्त कर सके तो आप उस प्रेम के माध्यम से स्वर्ग पा सकते हैं।

अगर आपके पास पहले से एक बिल्ली है और आप अपने लिए कुत्ता चाहते हैं, तो आप क्या कर सकते हैं? आप इस बिंदु से आगे का अभ्यास कर सकते हैं। आपको अतीत से अपना संबंध तोड़कर नए सिरे से शुरुआत करनी होगी। आपको बीते हुए कल से मोह त्यागना होगा। हम सभी बदल सकते हैं और यह हमेशा बेहतरी के लिए होता है। यह एक नई शुरुआत है, जिसमें आपको वह सब माफ करना होगा जो आपके और आपके साथी के बीच हुआ। उसे जाने दें क्योंकि वह केवल निजी महत्त्व रखता था। वह एक गलतफहमी थी। किसी का दिल दुखा और किसी ने बदला लेना चाहा, बस वह इससे ज़्यादा नहीं था। पहले जो भी हुआ, वह इतने मायने भी नहीं रखता था कि उसके लिए आप स्वर्ग में संबंध पाने की संभावना को ही नकार दें। उसे सौ प्रतिशत तक अपनाने का साहस रखें या फिर जाने दें। अतीत से परे हों और हर दिन प्रेम के ऊँचे स्तर के साथ आरंभ करें। इससे अपनापन जीवित रहेगा और आपका प्रेम बढ़ता जाएगा।

बेशक, आपको अच्छे और बुरे पलों को समझना होगा। अगर शारीरिक या

भावात्मक टूटन एक बुरा पल है, तो पता नहीं किसी जोड़े को इसे जारी क्यों रखना चाहिए। अगर किसी का नौकरी खोना एक बुरा पल है, किसी के साथ काम के दौरान बुरा हुआ, किसी की दुर्घटना हुई, वह दूसरी तरह का बुरा समय है। अगर ये बुरे पल भय की उपज हैं, अगर वे सम्मान के अभाव, अपमान या घृणा की देन हैं, तो पता नहीं कि एक जोड़ा कितने बुरे पलों को सहन कर सकता है।

अपने कुत्ते के साथ आपके संबंध में, आपके लिए एक बुरा पल हो सकता है। कारण चाहे जो भी हो, ऐसा होता है – कोई दुर्घटना, काम के दौरान कोई बुरी बात वगैरह। आप घर आते हैं कुत्ता फिर भी आपको देखकर भौंकता है, पूँछ हिलाता है, वह आपका ध्यान पाना चाहता है। आप कुत्ते के साथ खेलना नहीं चाहते पर कुत्ता आपके पास है। अगर आप उसके साथ नहीं खेले तो उसके दिल को ठेस नहीं लगेगी क्योंकि वह उसे निजी तौर पर नहीं लेगा। जब कुत्ता आपका स्वागत कर लेगा और उसे पता चल जाएगा कि आप उसके साथ नहीं खेलना चाहते, तो वह जाकर स्वयं ही खेलने लगेगा। कुत्ता वहीं रहकर आपको प्रसन्न करने का हठ नहीं करेगा।

कई बार आपको अपने साथी की तुलना में अपने कुत्ते से कहीं अधिक सहारा मिलता है जो आपको प्रसन्न करना चाहता है। अगर आप प्रसन्न नहीं होना चाहते तो आप शांत होना चाहते हैं, इसे निजी रूप से लेने की बात नहीं है। इसका आपके साथी से कोई संबंध नहीं है। शायद आपको कोई परेशानी है और आपको शांत होना है। परंतु वह शांति आपके साथी के मन में कई सवाल खड़े कर सकती है। 'अब मैंने क्या कर दिया? यह मेरी वजह से हो रहा है।' इस बात का आपसे कोई संबंध नहीं है, इसमें कुछ भी निजी नहीं है। उसे अकेला छोड़ दें, तनाव दूर हो जाएगा और आप प्रसन्नता की ओर वापस आ जाएँगे।

यही वजह है कि ताले और चाबी के बीच तालमेल होना चाहिए क्योंकि अगर आप किसी बुरे पल के बीच हैं, किसी भावात्मक संकट में हैं तो आपका समझौता आपको अनुमति देगा कि आपको वही रहने दिया जाए जो आप हैं। फिर इस संबंध की और ही कहानी होगी; यह अस्तित्व का एक और तरीका है और यह सारी बात बहुत सुंदर हो सकती है।

संबंध एक कला है। ऐसा सपना जिसे दो लोग मिलकर बनाते हैं, उसे साधना और भी मुश्किल होता है। अगर आप दोनों प्रसन्न रहना चाहें, तो आपको अपने आधे हिस्से को संपूर्ण रखना होगा। आप अपने आधे हिस्से के जिम्मेदार हैं और आपके आधे हिस्से में निश्चित प्रकार का कचरा भी शामिल है। आपका कचरा,

आपका कचरा है। आपको ही उस कचरे का निपटारा करना है, यह काम आपके साथी का नहीं है। अगर आपका साथी आपके कचरे को साफ करने की कोशिश करता है तो उसे दुःख के सिवा कुछ नहीं मिलेगा। हमें यह सीखना होगा कि हम हमेशा दूसरों के मामले में दखल न दें।

ऐसा ही आपके साथी के लिए भी सच है। आपके साथी के पास भी अपना एक कचरा है। आपको उसे अनुमति देनी चाहिए कि वह अपने कचरे से निपट सके। आपको उसके सारे कचरे और बोझ के साथ प्रेम करना है। आप संबंध में इसलिए नहीं आए कि उसके कचरे को साफ करें; यह काम तो उसे स्वयं ही करना होगा।

यदि आपका साथी मदद चाहे तो आप अपनी मर्जी से इंकार भी कर सकते हैं। इंकार करने का मतलब यह नहीं कि आप उसे प्रेम नहीं करते या उसे स्वीकार नहीं करना चाहते। इसका मतलब है कि आप ऐसा नहीं कर सकते या वह खेल खेलना नहीं चाहते। उदाहरण के लिए, अगर आपका साथी गुस्सा हो तो आप कह सकते हैं, 'तुम्हें गुस्सा होने का हक है पर यह मेरी मर्जी है कि मुझे नाराज़ होना है या नहीं। मैंने तुम्हें नाराज़ करने जैसा कुछ नहीं किया।' आपको अपने साथी के गुस्से को स्वीकार नहीं करना पर आप उसे गुस्सा होने का हक दे सकते हैं। आपको बहस करने की ज़रूरत नहीं, वह जो है, उसे वही रहने की अनुमति दें। उसके काम में दखल दिए बिना उसे आरोग्य पाने दें। इसके अलावा आप इस बात की भी सहमति दे सकते हैं कि आपकी आरोग्य प्रक्रिया में बाधा न दी जाए।

मान लेते हैं कि आप पुरुष हैं और कारण चाहे जो भी हो, आप प्रसन्न हैं, पर आपकी साथी प्रसन्न नहीं हो सकती। उसकी निजी परेशानियाँ हैं; वह अपने कचरे से निपट रही है और नाराज है। चूँकि आप उसे प्रेम करते हैं इसलिए आप उसे अपना सहयोग देंगे पर उसे सहारा देने अर्थ यह नहीं कि आप भी उसके साथ नाराज़ हो जाएँगे। इसे आप सहारा नहीं कह सकते। अगर वह नाराज़ है और आप भी ऐसे ही पेश आए तो दोनों ही डूब जाएँगे। अगर आप प्रसन्न होंगे तो उसकी प्रसन्नता वापस ला सकते हैं।

इसी तरह, अगर आपका मन अच्छा नहीं है और वह प्रसन्न है तो उसकी प्रसन्नता आपका सहारा बनेगी। आप अपनी खातिर, उसे प्रसन्न रहने दें, उसकी प्रसन्नता छीनने की कोशिश न करें। आपके काम के दौरान जो भी हुआ हो, घर आकर उसका ज़हर अपने साथी पर न उडेलें। शांत रहें और उसे बता दें कि यह बात उससे संबंध नहीं रखती, आप अपने-आप ही निपटारा कर लेंगे। आप कह सकते

हैं, तुम प्रसन्न रहो, जब मेरा मन अच्छा होगा तो मैं भी तुम्हारे पास आ जाऊँगा। अभी कुछ देर अकेले रहना चाहता हूँ।

***

अगर आप घायल मन की धारणा को समझते हैं, तो आप समझ सकेंगे कि रोमानी संबंध निभाना इतना कठिन क्यों होता है। भावात्मक शरीर रोगी है। इस पर घाव हैं; इनमें विष भरा हैं। अगर हमें पता नहीं हो कि हम बीमार हैं या हमारा साथी बीमार है, तो हम स्वार्थी हो जाते हैं। हमारे घाव दुखते हैं और हमें उन लोगों से भी अपने घावों को बचाना पड़ता है, जो हमसे प्यार करते हैं। पर अगर हम सजग होंगे, तो हम अलग-अलग तरह के समझौते कर सकते हैं। जब हम सजग होते हैं कि हमारा साथी भावात्मक घावों की पीड़ा में है और हम उसे प्यार करते हैं तो हम निश्चित रूप से कभी उसके घावों को छूना नहीं चाहेंगे। हम उसे विवश नहीं करेंगे कि वह जल्दी से अपने घाव ठीक कर ले और हम यह भी नहीं चाहेंगे कि वह हमारे घावों को ठीक करने में हमारी मदद करे।

जोखिम लें और जिम्मेदारी उठाएँ कि आप अपने साथी के साथ नया समझौता करेंगे- यह कोई ऐसा समझौता नहीं जिसे आप किसी किताब में पढ़ते हैं, यह ऐसा समझौता है जो आपके लिए कारगर है। अगर यह काम नहीं करता तो इसे छोड़कर दूसरा समझौता तैयार करें। अपनी कल्पना से नई संभावनाओं की खोज करें। प्रेम और सम्मान पर आधारित नए समझौते तैयार करें। प्रेम और सम्मान के माध्यम से होनेवाला संप्रेषण ही प्रेम को जीवंत रखने की कुंजी है और आप अपने संबंध से कभी नीरसता महसूस नहीं करेंगे। आपको अपनी आवाज़ उठाते हुए, अपनी माँगें रखनी हैं। आपको स्वयं पर और अपने साथी पर पूरा भरोसा रखना है।

आप अपने साथी के साथ कोई कचरा नहीं बल्कि अपना प्रेम, अपना रोमांस और समझ बाँटेंगे। दोनों के लिए लक्ष्य यही होगा कि आप प्रसन्न और अधिक प्रसन्न रहेंगे, उससे और अधिक प्रेम पैदा होगा। आप संपूर्ण स्त्री या पुरुष हैं और आपका साथी भी संपूर्ण इंसान है, जिस तरह एक कुत्ता अपने आपमें पूरा कुत्ता है। अगर आप अपने साथी के साथ प्रेम और आदर भाव से पेश आते हैं तो किसे लाभ होगा? किसी को नहीं, केवल आपको लाभ होगा।

अपने आधे हिस्से को आरोग्य दें, जिससे आप प्रसन्न रहेंगे। अगर आप अपने उस हिस्से को आरोग्य दे सकते हैं तो आप बिना किसी भय या माँग के, उस संबंध

के लिए राजी होंगे। पर याद रखें आप अपने आधे हिस्से को ही आरोग्य दे सकते हैं। अगर आप अपने किसी संबंध में हैं और अपने आधे हिस्से को आरोग्य दे रहे हैं और आपका साथी अपने आधे हिस्से पर काम करता है, तो आप देखेंगे कि कितनी जल्दी प्रगति होगी। प्रेम आपको प्रसन्नता देता है और अगर आप प्रेम के गुलाम हों तो आप हर तरह की संभावना की कल्पना कर सकते हैं। वह दिन आएगा जब आप अपने साथी के साथ बिना किसी अपराध बोध, बिना किसी दोषारोपण, गुस्से या उदासी के बिना भी जी सकेंगे। वह दिन अद्भुत होगा, जब आप केवल बाँटने, केवल सेवा करने और अपना प्रेम देने के लिए पूरी तरह से मुक्त हो सकते हैं।

जब आप जोड़ा बनने का निर्णय कर लेते हैं, तो आप अपने प्रिय पात्र की सेवा करना चाहते हैं, जिसे आपने अपने लिए चुना है। आप अपने प्रिय की सेवा के लिए हैं, आप एक-दूसरे के दास हैं। हर चुंबन, हर छुअन में आपको लगता है कि आप दोनों अपने प्रिय को प्रसन्न करने के लिए हैं और बदले में कुछ नहीं चाहते। यह सेक्स से अधिक, एक-दूसरे के साथ रहने के बारे में है। सेक्स भी कमाल का हो सकता है, पर वह अलग ही बात है। सेक्स एक माध्यम बन सकता है; यह पूर्ण समर्पण है; एक कला, एक नृत्य और सुंदरता की सबसे श्रेष्ठ अभिव्यक्ति है।

आप एक समझौता करते हुए कह सकते हैं, मैं तुम्हें पसंद करता हूँ; तुम अद्भुत हो और तुम्हारे साथ मुझे बहुत अच्छा लगता है। मैं फूल लेकर आऊँगा। तुम अच्छा सा संगीत चला दो। हम मिलकर नृत्य करेंगे और उल्लास से थिरकने लगेंगे। यह सुंदर, रोमानी और अद्भुत है। इसमें नियंत्रण के लिए कोई जंग नहीं, यह सेवा भाव से जुड़ा है। पर आप ऐसा तभी कर सकते हैं, जब आपके मन में स्वयं के लिए बहुत गहरा प्रेम हो।

6
जादुई रसोई

कल्पना करें कि आपके घर में एक जादुई रसोई है। उस जादुई रसोई में, आप दुनिया के किसी भी कोने से मनपसंद भोजन की कितनी भी मात्रा रख सकते हैं। आपको कभी यह चिंता नहीं करनी होगी कि आपको क्या खाना है; आप जो भी खाना चाहेंगे, वह आपकी मेज़ पर मौजूद होगा। आप अपने भोजन को पूरी उदारता के साथ दूसरों से बाँटते हैं, आप बेशर्त अपना भोजन दूसरों को देते हैं। आप उनसे बदले में कुछ नहीं चाहते। आपके घर जो भी आता है, आपको उसे भोजन करवाने में विशेष आनंद आता है और आपके घर में ऐसे लोगों का जमघट लगा रहता है जो आपकी जादुई रसोई से भोजन करना चाहते हैं।

फिर एक दिन, आपके दरवाजे पर आहट होती है और एक व्यक्ति अपने साथ पिज्जा लाया है। आप दरवाजा खोलते हैं और वह आपको देखकर कहता है, क्या आप यह पिज्जा देख रहे हो? अगर आप अपनी जिंदगी मेरे अधीन कर दो तो मैं इसे आपको दे दूँगा। आपको वही करना होगा, जो मैं कहूँ। तब आपको कभी भूखा नहीं रहना पड़ेगा क्योंकि मैं रोज आपके लिए यह स्वादिष्ट व्यंजन लेकर आऊँगा। बस आपको मेरे साथ अच्छी तरह पेश आना होगा।

क्या आप प्रतिक्रिया की कल्पना कर सकते हैं? आपके रसोई में वैसा ही पिज्जा मौजूद है और शायद उससे भी बेहतर है। यह व्यक्ति आपको इस शर्त पर व्यंजन दे रहा है कि आपको इसका मनचाहा करना होगा। आप हँसकर कहते हैं, 'नहीं, शुक्रिया। मुझे तुम्हारा भोजन नहीं चाहिए; मेरे पास बहुत भोजन है। तुम मेरे

घर आकर मनचाहा खा सकते हो और बदले में कुछ करना भी नहीं होगा। तुम यह मत सोचो कि तुम मुझसे अपनी मर्जी का काम करवा सकते हो। मुझे भोजन के नाम पर कोई मूर्ख नहीं बना सकता।'

अब इसके ठीक विपरीत की कल्पना करें। कई सप्ताह बीत गए और आपने कुछ नहीं खाया। आप भूख से मर रहे हैं और आपकी जेब में भोजन खरीदने को पैसे नहीं हैं। एक व्यक्ति पिज्जा लेकर आता है और कहता है, 'सुनो, यह रहा भोजन। बस मेरा मनचाहा काम करना होगा, तब यह खाना तुम्हारा होगा। अपना जीवन मेरे अधीन करना होगा।' आप उस भोजन को सूँघ सकते हैं, भूख के मारे जान निकल रही है। आप उस भोजन को स्वीकार कर लेते हैं और तय करते हैं कि उसका मनचाहा काम करेंगे। आप थोड़ा भोजन करते हैं तो वह कहता है, 'अगर और भोजन चाहिए तो वह भी मिलेगा, पर वह सब निरंतर करना होगा, जो मैं कहता जाऊँगा।'

अब आपके पास भोजन है पर हो सकता है कि कल आपके पास खाने को कुछ न हो इसलिए आप उस भोजन के लिए कुछ भी करने को तैयार हो जाते हैं। आप उस खाने के कारण गुलाम बन सकते हैं क्योंकि आपके पास भोजन नहीं है और आपको भोजन चाहिए। फिर कुछ समय के बाद आपके मन में संदेह आता है। आप कहते हैं, 'मैं पिज्जा के बिना क्या करूँगा? मैं तो इसके बिना जी ही नहीं सकता। अगर मेरे साथी ने यह किसी और को दे दिया तो – मेरा पिज्जा?'

अब कल्पना करें कि हम भोजन के बजाय प्रेम की बात कर रहे हैं। आपके दिल में असीम प्रेम भरा है। आपके पास न केवल अपने लिए प्रेम है बल्कि सारी दुनिया के लिए प्रेम समाया है। आप इतना प्रेम करते हैं कि आपको किसी के प्रेम की आवश्यकता ही नहीं है। आप अपना प्यार बेशर्त बाँटते हैं; आप प्यार में कोई शर्त नहीं रखते। आप प्यार की दौलत से मालमाल हैं और कोई आपका दरवाजा खटखटाकर कहता है, 'सुनो, मेरे पास तुम्हारे लिए प्यार है। अगर तुम वही करो, जो मैं चाहता हूँ तो तुम मेरा प्यार ले सकते हो।'

जब आप स्वयं प्यार की दौलत से भरपूर हैं तो ऐसे में आपकी प्रतिक्रिया क्या होगी? आप हँसकर कहेंगे, 'धन्यवाद, पर मुझे तुम्हारा प्यार नहीं चाहिए। मेरे दिल में भी इतना ही प्यार है, वह तुम्हारे प्यार से कहीं बड़ा और बेहतर है और मैं अपना प्यार बेशर्त बाँटता हूँ।'

पर अगर आप प्यार के भूखे हैं तो क्या होगा। अगर आपके दिल में प्यार

नहीं है और कोई आकर कहता है, 'तुम्हें थोड़ा सा प्यार चाहिए? तुम मेरा प्यार ले सकते हो बस वही करना होगा, जो मैं चाहता हूँ।' आपकी ज़रूरत इतनी हो सकती है कि आप उस थोड़े से प्यार और ध्यान के लिए अपनी आत्मा ही उसे सौंप दें।

***

आपका दिल जादुई रसोई की तरह है। अगर आप इसे खोलें तो इसमें बेशुमार प्यार भरा है। आपको दुनिया से प्यार की भीख लेने की ज़रूरत नहीं है। 'मेहरबानी करके कोई मुझे प्यार कर लो, मैं अकेला हूँ। मुझे कोई प्यार नहीं करता। मुझे कोई प्रेमी/प्रेमिका चाहिए। मैं चाहता हूँ कि कोई मुझे प्यार करे ताकि मुझे पता लग सके कि मैं भी प्यार पाने का हकदार हूँ। हमारे मन में यही प्यार समाया है पर हम इसे देख नहीं पाते।

क्या आप देख सकते हैं कि जब इंसानों को लगता है कि उनके पास प्यार नहीं है तो वे कैसा तमाशा करते हैं? वे प्यार के भूखे हैं और जब वे किसी दूसरे का प्यार पाते हैं तो उनकी ज़रूरत और बढ़ जाती है। वे उस प्रेम के लिए जुनून से भर जाते हैं। 'अगर उसने मुझे छोड़ दिया तो मेरा क्या होगा? मैं उसके बिना कैसे जी सकता हूँ/सकती हूँ?' वे प्रेम की प्रतिदिन खुराक देनेवाले के बिना जी नहीं सकते। वे प्यार के उस अंश को पाने के लिए अपने जीवन की बागडोर सामनेवाले के हाथों में सौंप देते हैं। दूसरे उन्हें बताते हैं कि उन्हें क्या करना चाहिए और क्या नहीं करना चाहिए। कैसे पेश आना चाहिए या कैसे पेश नहीं आना चाहिए। क्या विश्वास करना चाहिए और क्या विश्वास नहीं करना चाहिए। 'अगर तुम इसी तरह पेश आते रहो, तो मेरा प्यार मिलता रहेगा। अगर तुम अपना जीवन मुझे नियंत्रित करने दो तो मेरा प्यार तुम्हारा है। मेरे साथ अच्छी तरह पेश आओ, मेरा प्यार तुम्हारा है। अगर ऐसा नहीं हो सकता, तो बस भूल जाओ।'

इंसानों के साथ समस्या यही है कि वे अपने दिल में छिपी जादुई रसोई के बारे में नहीं जानते। यह सारा कष्ट इसलिए ही तो हुआ क्योंकि हमने बहुत पहले अपने दिल के दरवाजे बंद कर दिए थे और उसमें भरे बेशुमार प्यार को भुला दिया था। जीवन में कहीं न कहीं, हम प्यार करने से डरने लगे क्योंकि हमें लगता था कि जायज़ नहीं है। प्रेम दिल दुखाता है। हम किसी दूसरे के लिए अच्छा बनने की कोशिश करते हैं, हम कोशिश करते हैं कि कोई दूसरा हमें स्वीकारे और हम सफल नहीं होते। हमारे पास पहले से दो-तीन प्रेमी और टूटे हुए दिल हैं। दोबारा प्रेम करना किसी जोखिम से कम नहीं लगता।

बेशक, हमारे मन में यही धारणा बैठ जाती है कि हमारे पास आत्म–प्रेम नहीं है। और अगर हमारे पास अपने लिए ही प्रेम नहीं, तो हम यह दिखावा कैसे कर सकते हैं कि हम अपना प्यार किसी दूसरे के साथ बाँटना चाहते हैं?

जब हम किसी से संबध बनाते हैं, तो हम अपनी माँग के कारण स्वार्थी हो जाते हैं। यह सब मेरे बारे में है। हम इतने स्वार्थी हो जाते हैं कि हम जिसके साथ अपना जीवन बिता रहे हैं, हम चाहते हैं कि वह भी हमारे लिए प्यार के लिए तड़पे। हम चाहते हैं, 'कोई ऐसा जिसे मेरी ज़रूरत हो।' हमें लगता है कि हमारे अस्तित्व को सही साबित करने के लिए, हमारे जीने का कोई कारण बनने के लिए ऐसा होना चाहिए। हमें लगता है कि हम प्रेम को खोज रहे हैं पर हम तो कोई ऐसा व्यक्ति खोज रहे हैं, जिसे अपने बस में करके अँगुलियों पर नचा सकें।

मानवीय संबंधों में नियंत्रण का युद्ध होता है क्योंकि हमें धन के नियंत्रण की प्रतियोगिता के लिए ही तैयार किया गया है। हम जिसे प्रेम कहते हैं – 'कोई जिसे मेरी ज़रूरत हो, कोई जो मेरी परवाह करे' – वह प्रेम नहीं; वह स्वार्थपरता है। यह कैसे कारगर हो सकता है? स्वार्थ काम नहीं करता क्योंकि प्रेम तो है ही नहीं। दोनों लोग प्रेम पाने को तरस रहे हैं। उन्हें सेक्स में प्रेम का थोड़ा सा अंश मिलता है और उन्हें उसकी लत हो जाती है क्योंकि वे प्यार के भूखे हैं। पर फिर आपस में परख होने लगती है। वही भय, वही दोषारोपण और वही सारा तमाशा!

फिर हम प्रेम और सेक्स पर सलाह खोजते हैं। इसके बारे में बहुत सी किताबें लिखी गई है। और इनके बारे में यही कहा जा सकता है, 'कामुक रूप से स्वार्थी कैसे हों?' मंशा तो अच्छी है, पर प्रेम कहाँ है? वे किताबें प्रेम सिखाने के लिए नहीं हैं, प्रेम में सीखने के लिए कुछ है ही नहीं। सब कुछ तो हमारे जींस में, हमारे स्वभाव में पहले से है। हमें कुछ भी सीखने की ज़रूरत नहीं है, बस हमें वही सीखना है जो हमने इस माया से भरे संसार में खोजा है। हम अपने से बाहर प्रेम खोजते हैं जो हमारे भीतर समाया है। प्रेम हर ओर है पर हमारे पास इसे देखने की आँखें नहीं हैं। हमारा भावात्मक शरीर प्रेम से तालमेल नहीं रखता।

हम प्रेम से इसलिए डरते हैं क्योंकि प्रेम करना सुरक्षित नहीं है। हमें अस्वीकृति का भय डराता है। हम जो नहीं हैं, वही दिखावा करना होगा; हम कोशिश करते हैं कि साथी हमें स्वीकार ले परंतु हम स्वयं को स्वीकार नहीं करते। पर समस्या यह नहीं कि हमारा साथी हमें स्वीकार नहीं करता। समस्या यह है कि हम स्वयं को स्वीकार नहीं करते क्योंकि हम पर्याप्त नहीं हैं और हम अपने बारे में यही विश्वास

रखते हैं।

आत्म-अस्वीकृति सबसे बड़ी समस्या है। संपूर्णता का विचार ही गलत है, आप अपने लिए कभी भरपूर नहीं हो सकते। यह एक झूठी धारणा है; यह सच नहीं है। पर आप इस पर भरोसा करते हैं। आप संपूर्ण नहीं हैं इसलिए स्वयं को नकारते हैं और आत्म-स्वीकृति का स्तर इस बात पर निर्भर करता है कि वयस्कों ने कितनी मजबूती से आपकी अखंडता को नष्ट किया।

आपको पालतू बनाने के बाद, किसी दूसरे के लिए काफी होने की बात नहीं रहती। आप अपने लिए ही पूरे नहीं पड़ते क्योंकि आपके भीतर बैठा कोई बॉस हमेशा याद दिलाता रहेगा कि आप संपूर्ण नहीं हैं। जैसा कि मैंने पहले भी कहा, आप जो बनना चाहते हैं, यदि वह नहीं बनते तो आप उसके लिए खुद को कभी माफ नहीं कर सकते और यही सबसे बड़ी परेशानी है। अगर आप इसे बदल सकते हैं, तो आप अपने आधे संबंध को संभाल लेंगे। बाकी आधा संबंध आपकी समस्या नहीं है।

अगर आप किसी से कहते हैं कि आप उससे प्रेम करते हैं और वह व्यक्ति कहता है, पर मैं तुमसे प्रेम नहीं करता/करती। तो क्या ये आपकी पीड़ा का कारण होना चाहिए? किसी दूसरे ने आपको नकार दिया, इसका मतलब यह नहीं होना चाहिए कि आप भी खुद को नकार दें। अगर एक व्यक्ति आपसे प्रेम नहीं करता तो कोई दूसरा करेगा। हमेशा कोई न कोई दूसरा व्यक्ति होता है और बेहतर होगा कि आप किसी ऐसे व्यक्ति के साथ हों, जो आपके साथ होना चाहे। यह ऐसे व्यक्ति के साथ से बेहतर होगा, जिसके साथ आप रहना चाहें।

आपको उन अद्‌भुत संबंधों पर केंद्रित होना होगा, जिन्हें आप इस जीवन में पा सकते हैं : आपका अपने साथ संबंध। यह स्वार्थ नहीं; यह आत्म-प्रेम है। ये एक नहीं होते। आप अपने साथ स्वार्थी इसलिए होते हैं क्योंकि उस जगह प्रेम नहीं है। आपको खुद से प्रेम करना होगा और तब ये प्रेम और बढ़ेगा। फिर, जब आप किसी संबंध में होंगे, तो आप प्रेम पाने की ज़रूरत के साथ उसमें नहीं होंगे। यह एक चुनाव बन जाता है। आप किसी मनचाहे को चुन सकते हैं और देख सकते हैं कि वह असल में कौन है। जब आपको उसके प्रेम की ज़रूरत नहीं होती, तब झूठ बोलने की आवश्यकता भी नहीं रहती।

आप अपने आपमें पूरे हैं। जब आपके भीतर से प्रेम पैदा होता है, तो आप प्रेम की खोज नहीं करते क्योंकि आप अकेले होने से नहीं डरते। जब आपके पास

बहुत सारा प्रेम होता है, तो आप अकेले हो सकते हैं और इसमें कोई समस्या नहीं है। आप अकेले रहकर प्रसन्न हैं और उसे बाँटना भी आनंददायक होगा।

अगर मैं आपको पसंद करता हूँ और अगर हम एक साथ बाहर जाते हैं, तो यह इसलिए है कि हम एक-दूसरे पर शक करनेवाले हैं, मुझे तुम्हें अपने बस में करना है या फिर तुम्हें मुझे अपने बस में करना है? अगर ऐसा होनेवाला है तो इसमें कोई मज़ा नहीं होगा। अगर आप मेरी निंदा करते हुए, मुझे परखना चाहें या मुझे बुरा महसूस करवाना चाहें तो धन्यवाद। अगर मुझे ऐसे संबंध से कष्ट मिलना है तो मैं अकेला ही ठीक हूँ। क्या लोग तमाशा करने, एक-दूसरे पर अधिकार जमाने या फिर एक-दूसरे को दंडित करने लिए एक होते हैं? क्या वाकई वे इन वजहों से एक साथ होते हैं पर हम सही मायनों में क्या खोज रहे हैं?

जब हम बच्चे होते हैं - पाँच, छह या सात साल के - तब हम दूसरे बच्चों से आकर्षित होते हैं क्योंकि हम खेलना चाहते हैं, उनके साथ मौज करना चाहते हैं। हम दूसरे बच्चे के साथ लड़ने या तमाशा खड़ा करने के लिए नहीं जाते। ऐसा हो सकता है, पर वह बहुत कम समय के लिए होगा। हम बस खेलते ही रहते हैं। जब खेल में मन नहीं लगता तो हम खेल बदल देते हैं, हम नियम बदल देते हैं पर हमारी खोजबीन जारी रहती है।

अगर आप केवल तमाशे के नाम पर साझेदारी करने जा रहे हैं क्योंकि आप ईर्ष्यालु बनना चाहते हैं क्योंकि आप स्वामित्व की भावना रखना चाहते हैं, अपने साथी के जीवन को अपने बस में करना चाहते हैं, तो आप मौज-मस्ती के लिए नहीं, पीड़ा पाने के लिए यह सब कर रहे हैं और आपको ठीक यही मिलेगा। अगर आप स्वार्थ में किसी संबंध से जुड़ते हैं और उम्मीद करते हैं कि आपका साथी आपको प्रसन्न कर सकता है तो ऐसा नहीं होगा। और यह इंसान की नहीं, आपकी अपनी गलती है।

जब हम किसी भी ऐसे संबंध में जाते हैं, तो ऐसा इसलिए है कि हम बाँटना चाहते हैं। हम जीवन का आनंद चाहते हैं, हम चाहते हैं कि जीवन नीरस न हो। अगर हम कोई साथी खोज रहे हैं, तो वह इसलिए है कि हम खेलना चाहते हैं, हम उसके साथ उसी रूप में जीवन का आनंद लेना चाहते हैं, जो हम वास्तव में हैं। हम किसी को अपना साथी इसलिए नहीं बनाते कि अपना सारा कचरा उस पर थोप दें। अपना गुस्सा, जलन और स्वार्थ उसे सौंप दें। ऐसा कैसे हो सकता है कि कोई आपको प्यार करे और फिर आपके साथ बुरा बर्ताव करे, आपका अपमान करे,

आपको सार्वजनिक रूप से प्रताड़ित करे? भले ही वह आपका प्रेमी होने का दावा कर सकता है, पर क्या वह दावा सच्चा होगा? अगर हम प्रेम करते हैं तो हम चाहते हैं कि हम जिन्हें प्रेम करते हैं, उन्हें सदा सब कुछ बेहतर मिले। हम अपना कचरा या भार बच्चों पर क्यों डालें? हम भय और भावात्मक विष से भरे हैं, उनके साथ बुरा बर्ताव क्यों? हमारे अपने कचरे और भार के लिए माता-पिता को दोष क्यों?

लोग स्वार्थी होना सीखते हैं और अपने दिल के दरवाजे कसकर बंद कर देते हैं। वे प्यार के लिए तरस रहे हैं जबकि अपने ही दिल में छिपी जादुई रसोई को नहीं जानते। आपका दिल ही जादुई रसोई है। अपना दिल खोलें। अपनी जादुई रसोई को खोलें और पूरी दुनिया में प्यार की भीख माँगने से इंकार कर दें। आपके दिल में ही वह प्यार समाया है जो आप चाहते हैं। इसमें केवल आपके लिए नहीं बल्कि पूरी दुनिया के लिए प्यार छिपा है। आप इसे बेशर्त दूसरों को दे सकते हैं, आप दिल में छिपी जादुई रसोई से जी भरकर प्यार बाँट सकते हैं। फिर वे सभी प्यार के भूखे लोग आपके आसपास होंगे, जो यह मानते हैं कि उनके दिल में प्यार नहीं है।

आप अपने भीतर से आनेवाले प्यार से प्रसन्न रहेंगे। और अगर आप अपने प्रेम के साथ उदार रहे तो सभी आपको प्रेम करेंगे। अगर आप उदार हुए तो आप कभी अकेले नहीं रहेंगे। अगर आप स्वार्थी हैं, तो आप हमेशा अकेले होंगे और आप किसी को इसके लिए दोष नहीं दे सकते। कोई ऐसा नहीं होगा जो आपको दोष दे। आपकी उदारता सारे दरवाजे खोल देगी, स्वार्थ के साथ यह संभव नहीं है।

दिल की निर्धनता से स्वार्थ उपजता है, इस विश्वास से उपजता है कि प्रेम का अभाव है। जब हमें लगता है कि शायद आनेवाले दिन में हमें पिज्जा नहीं मिलेगा तो हम स्वार्थी हो जाते हैं। पर जब हमें यह पता चलता है कि हमारा दिल ही जादुई रसोई है, हम हमेशा पूरी उदारता के साथ जी सकते हैं और तब हमारा प्रेम भी पूरी तरह से बेशर्त होता है।

7
ड्रीम मास्टर

आपके जीवन में हर संबंध को आरोग्य मिल सकता है, हर संबंध अद्‌भुत हो सकता है, परंतु यह सब सदा आपसे ही आरंभ होगा। आपके भीतर साहस होना चाहिए कि आप सच का सामना कर सकें, अपने साथ सच बोल सकें और अपने साथ पूरी ईमानदारी से पेश आ सकें। शायद आपको सारी दुनिया के साथ ईमानदार होने की ज़रूरत नहीं, पर आप अपने साथ ईमानदार हो सकते हैं। शायद आप अपने आसपास की घटनाओं को वश में नहीं कर सकते, पर आप अपनी प्रतिक्रिया को तो वश में कर ही सकते हैं। यही आपके जीवन के सपने को दिशा देंगे, जो आपका निजी सपना है। आपकी प्रतिक्रिया ही आपको प्रसन्न या अप्रसन्न कर सकती है।

यही आपके अद्‌भुत जीवन की कुंजी है। अगर आप अपनी प्रतिक्रियाओं को वश में करना सीख सके तो आप अपने रोजमर्रा के जीवन के साथ-साथ पूरे जीवन को बदल सकते हैं।

आप जो भी सोचते, करते या महसूस करते हैं, उसकी पूरी जवाबदेही आपकी अपनी है। हो सकता है कि आपके लिए यह जानना मुश्किल हो कि कैसे कामों के क्या नतीजे आते हैं - कौन से भावों से, किन विचारों से - पर आप नतीजों को देख सकते हैं क्योंकि आप नतीजे भुगत रहे हैं या उनका आनंद उठा रहे हैं। आप चुनाव करते हुए अपने निजी सपने को नियंत्रित करते हैं। आपको देखना होगा कि आपको अपने चुनावों के नतीजे पसंद आ रहे हैं या नहीं। अगर आपको उस नतीजे

का आनंद आ रहा है तो जो कर रहे हों, वही करते रहें। बढ़िया! पर अगर आपको वह पसंद नहीं आ रहा जो हो रहा है, अगर आप अपने सपने का आनंद नहीं ले रहे तो यह जानने की कोशिश करें कि जो नतीजे सामने हैं, वे किन कामों के कारण हैं। यही आपके सपने को रूपांतरित करने का उपाय होगा।

आपका जीवन आपके निजी सपने की अभिव्यक्ति है। अगर आप निजी सपने के प्रोग्राम का रूपांतरण कर सकते हैं तो आप ड्रीम मास्टर बन सकते हैं। एक ड्रीम मास्टर जीवन का मास्टरपीस तैयार करता है। परंतु सपने को साधना एक बड़ी चुनौती है क्योंकि मनुष्य अपने ही सपनों के गुलाम हो जाते हैं। हम जिस तरह सपने देखना सीखते हैं, वह पहले से तय है। अगर हमें यह विश्वास हो कि कुछ भी संभव नहीं है तो हमारे लिए भय के सपने से बचना मुश्किल होगा। सपने से जागने के लिए, आपको सपने को साधना होगा।

यही वजह है कि टॉलटेक ने रूपांतरण की कला बनाई ताकि पुराने सपने को तोड़कर नया सपना बना सकें, जिसमें सब संभव है, उस सपने से बचना भी संभव है। रूपांतरण की प्रवीणता में टॉलटेक ने लोगों को सपने देखनेवाले और पीछा करके शिकार करनेवालों में बाँटा। सपने देखनेवाले जानते हैं कि सपना एक भ्रम है। पीछा करनेवाले किसी चीते की तरह हर क्रिया और प्रतिक्रिया का पीछा करते हैं।

आपको अपनी ही प्रतिक्रियाओं का पीछा करना होगा; प्रति क्षण अपने साथ काम करना होगा। इसके लिए बहुत समय और साहस चाहिए क्योंकि चीज़ों को निजी तौर पर लेना आसान है और उसी तरह प्रतिक्रिया देना भी आसान है, जैसे आप हमेशा देते आए हैं। इसी वजह से आपसे अनेक भूलें होती हैं, आपको बहुत सारे कष्ट और पीड़ा का सामना करना पड़ता है क्योंकि आपकी प्रतिक्रिया से और अधिक भावात्मक विष पैदा होता है और तमाशा बनता है।

अगर आप अपनी प्रतिक्रियाओं को नियंत्रित कर सकते हैं, तो आप पाएँगे कि आप चीज़ों के अर्थ सही मायनों में उसी तरह देख पा रहे हैं, जैसी वे हैं। मन सामान्यत: चीज़ों का बोध उसी रूप में लेता है, जैसी वे हैं परंतु सारी प्रोग्रामिंग और विश्वासों के कारण हम अपनी ही व्याख्याएँ करने लगते हैं। जो हमारे सुनने और देखने पर आधारित होती हैं।

लोग सपने में जिस तरह चीज़ों को देखते हैं और बिना किसी परख के देखते हैं, इन दोनों में बड़ा अंतर है। यह अंतर यही है कि आपका भावात्मक शरीर आपके बोध के लिए ही प्रतिक्रिया देता है। मिसाल के लिए, अगर आप सड़क पर जा रहे

हैं और कोई अनजान आपसे आकर कहता है, 'तुम मूर्ख हो', वह तो चला जाता है और आप उसकी इस बात पर कई तरह से प्रतिक्रिया दे सकते हो। आप उसकी बात मानकर सोच सकते हो, 'हम्म, मैं मूर्ख ही हूँ।' आप गुस्सा हो सकते हो, अपमानित महसूस कर सकते हो या उसकी बात को अनदेखा भी कर सकते हो।

सच तो यही है कि वह आदमी अपने ही भावात्मक विष से जूझ रहा है। उसने आपसे ऐसा इसलिए कहा क्योंकि आप उसकी राह में आनेवाले पहले व्यक्ति थे। इस बात का आपसे कोई मतलब नहीं है। उसे निजी तौर पर आपसे कोई लेना-देना नहीं है। अगर आप सच को असलियत में देख सके तो आप कोई प्रतिक्रिया नहीं देंगे।

आप कह सकते हैं, 'देखो वह आदमी कितने कष्ट में है।' पर आप उसकी बात को दिल पर नहीं लेते। यह एक मिसाल है, पर यह प्रत्येक क्षण में घटनेवाली हर घटना पर लागू होती है। हमारा अहं हर चीज़ को निजी तौर पर ले लेता है और हम आवश्यकता से अधिक प्रतिक्रिया देते हैं। हम नहीं देख पाते कि असल में क्या हो रहा है क्योंकि हम तत्काल प्रतिक्रिया देकर उसे अपने सपने का हिस्सा बना लेते हैं।

आपकी प्रतिक्रिया उस विश्वास की उपज है, जो आपके भीतर बसा है। आप जिस तरह पेश आ रहे हैं, उसे आप हज़ारों बार दोहरा चुके हैं और वह आपके लिए आम बात हो गई है। आप एक खास तरह से पेश आने के लिए मजबूर हैं। और यही चुनौती है: आपकी आम प्रतिक्रिया को बदलना है, आपकी दिनचर्या को बदलना है, आपको जोखिम उठाकर अलग-अलग चुनाव करने हैं। अगर आपको मनचाहे नतीजे नहीं मिलते तो फिर से बदलाव करें और तब तक बदलाव करें, जब तक आपको मनचाहे नतीजे नहीं मिलते।

***

मैंने कहा है कि हम कभी परजीवी या पैरासाइट होने का चुनाव नहीं करते, जो जज, शिकार और विश्वासतंत्र है। यदि हम जानते कि हमारे पास चुनाव नहीं है और हमें पता है कि यह केवल एक सपना है तो हम जल्दी ही उसकी पूर्ति कर सकते हैं, जो हमसे खो गया है - कुछ ऐसा, जिसे धर्मों ने 'फ्री विल' या स्वतंत्र इच्छा का नाम दिया है। धर्म कहते हैं कि जब इंसान को रचा गया तो भगवान ने उसे स्वतंत्र इच्छा दी थी। यह सच है पर सपने ने इसे हमसे छीनकर अपने पास रख लिया क्योंकि सपना अधिकतर इंसानों की इच्छा को अपने नियंत्रण में रखता है।

कई लोग कहते हैं, 'मैं बदलना चाहता हूँ, मैं वास्तव में बदलना चाहता हूँ। मेरे पास निर्धन बने रहने का कोई कारण नहीं है। मैं बुद्धिमान हूँ। मुझे भी अच्छा जीवन जीने और जितना कमा रहा हूँ, उससे अधिक कमाने का अधिकार है।' वे यह जानते हैं परंतु यह बात उनका मन कह रहा है। इसके बाद ये लोग क्या करते हैं? वे जाकर टी.वी. चला लेते हैं और उसे घंटों देखते रहते हैं तो उनकी संकल्प शक्ति कितनी मज़बूत है?

जब हमारे पास सजगता होती है तो हम चुनाव भी कर सकते हैं। अगर हमारे पास यह सजगता हर समय हो तो हम अपनी दिनचर्या, प्रतिक्रिया और पूरे जीवन को बदल सकते हैं। सजगता के आते ही हमारी स्वतंत्र इच्छा भी लौट आती है। यदि ऐसा हो जाए तो हम किसी भी क्षण में याद कर सकते हैं कि हम कौन हैं। फिर यदि हम भूल जाएँ तो हमें फिर से याद आ जाएगा कि हम कौन हैं। पर अगर सजगता न हुई तो हमारे पास ऐसा कोई चुनाव नहीं रहेगा।

सजग होने का अर्थ है कि आप अपने जीवन के लिए जवाबदेह हो रहे हैं। आप दुनिया में घट रही घटनाओं के लिए जवाबदेह नहीं हैं। आप अपने लिए उत्तरदायी हैं। आपने दुनिया को ऐसा नहीं बनाया, संसार तो आपके जन्म से भी पहले से, ऐसा ही था। आप दुनिया को बचाने के किसी बड़े मिशन के साथ धरती पर नहीं आए। आपको समाज को नहीं बदलना पर आप एक बड़े और अहम मिशन के साथ हैं। आपके जीवन का असली मिशन यही है कि आप स्वयं को प्रसन्न रखें और प्रसन्न रहने के लिए आपको अपने विश्वासों को देखना होगा। आपको यह देखना होगा कि आप खुद को कैसे परखते हैं, अपने-आपको पीड़ित कैसे बनाते हैं।

अपनी प्रसन्नता के लिए पूरी तरह से ईमानदार रहें। हर किसी को यह कहते हुए प्रसन्नता का झूठा भाव न रचें - 'मुझे देखो, मैं जीवन में सफल हूँ। मेरे पास सब कुछ मनचाहा है। मैं कितना खुश हूँ।' ऐसे में आप खुद को पसंद नहीं करते।

हमारे लिए सब कुछ मौजूद है पर पहले हमारे पास आँखें खोलकर सच को देखने, उसे इस्तेमाल करने और असलियत को देखने का साहस होना चाहिए। मनुष्य अंधे हैं, वे अंधे हैं क्योंकि वे देखना ही नहीं चाहते। आइए, एक उदाहरण से जानें।

एक युवती किसी पुरुष से मिलती है और उसके लिए गहरा आकर्षण महसूस करती है। उसके हार्मोन का स्तर बढ़ता है और वह उसे पाना चाहती है। उसकी सभी सखियों को दिख रहा है कि वह आदमी क्या है। वह नशा करता है, उसके पास

कोई काम नहीं है, उसके कारण आगे चलकर युवती को कष्ट उठाने होंगे। पर वह उसे देख रही है, वह क्या देख रही है? वह केवल वही देख रही है, जो वह देखना चाहती है। वह देखती है कि वह लंबा है, खूबसूरत है, ताकतवर और आकर्षक है। उसने उस आदमी की एक छवि बना ली है और जो वह देखना नहीं चाहती, उससे इंकार करने की कोशिश करती है। वह अपने आपसे झूठ बोलती है। वह इस बात पर विश्वास करना चाहती है कि उनका संबंध कारगर होगा। उसकी दोस्त कहती है, 'पर वह लड़का तो नशा करता है, वह शराबी है। वह कोई काम भी नहीं करता।' इस पर वह जवाब देती है, 'हाँ, पर मेरा प्यार उसे बदल देगा।'

बेशक उसकी माँ और पिता को भी वह आदमी पसंद नहीं आता। उसके माता-पिता उसकी चिंता कर रहे हैं क्योंकि वे देख सकते हैं कि वह किस ओर जा रही है। वे उसे बताते हैं कि वह आदमी उसके लिए सही नहीं है। वह युवती उन्हें गुस्से से कहती है कि क्या वह उनके कहे पर चलेगी। वह अपने माता-पिता की बात टालकर, अपने हार्मोंस की सुनती है और अपने चुनाव को जायज़ ठहराने के लिए झूठ बोलती है। 'यह मेरा जीवन है। मेरे जो जी में आएगा, वही होगा।'

कई महीनों बाद वह संबंध हकीकत की जमीन पर आ जाता है। सच्चाई सामने आने लगती है और वह उस आदमी पर उन बातों का इल्जाम लगाती है, जिन्हें वह पहले देखना नहीं चाहती थी। आपस में कोई सम्मान नहीं, बुरा बर्ताव हो रहा है पर अब उस युवती का आत्म-अभिमान अधिक महत्त्वपूर्ण हो गया है। अब वह घर भी नहीं जा सकती, उसके माता-पिता क्या कहेंगे? इस तरह उन्हें संतोष मिलेगा कि वे सही थे। इस युवती को अपना पाठ सीखने में कितना समय लगेगा? वह अपने-आप से कितना प्यार करती है? अपने आपको दुःख देने की कितनी सीमा है?

यह सारा कष्ट इसलिए हुआ क्योंकि जब हमारी आँखों के आगे एक सच होता है तो हम उसे देखना नहीं चाहते। अगर हम किसी से मिलते हैं और वह हमारे सामने अच्छा होने का दिखावा करता है, चाहे उसने झूठा मुखौटा ही क्यों न लगा रखा हो। प्रेम और आदर के अभाव को छिपाया नहीं जा सकता। पर हम इसे देखना ही नहीं चाहते और उस समय हम किसी की नहीं सुनते।

यही वजह है कि एक बार किसी प्राचीन पैगंबर ने कहा था, 'उससे बदतर अंधा और कौन होगा, जो देखना ही नहीं चाहता। उससे बदतर बहरा और कौन होगा, जो सुनना ही नहीं चाहता। और उससे बदतर पागल और कौन होगा, जो समझना ही नहीं चाहता।'

हम कितने अंधे हैं, वाकई कितने अंधे हैं और फिर हम इसकी कीमत चुकाते हैं। पर अगर हम आँखें खोलकर जीवन को उसी तरह देखें, जैसे वह है तो हम बहुत सारी भावात्मक पीड़ा से अपना बचाव कर सकते हैं। इसका मतलब यह नहीं कि हम जोखिम नहीं उठाना चाहते। हम जीवंत हैं ओर हमें जोखिम उठाना ही होगा, भले ही हम असफल क्यों न हों। किसको परवाह है? इससे कोई फर्क नहीं पड़ता। हम सीखते हैं और बिना किसी परख के आगे बढ़ते हैं।

हमें किसी को परखने की ज़रूरत नहीं, हमें किसी को दोष देने या अपराध बोध अनुभव करने की ज़रूरत नहीं। हमें इस सच को स्वीकार करते हुए, एक नया आरंभ करना होगा। अगर हम स्वयं को उसी रूप में देख सकते हैं, जैसे हम हैं, तो वह आत्म-स्वीकृति की ओर पहला कदम होगा - तब हम स्वयं को खुद को नकारने से रोक सकेंगे। जब हम एक बार स्वयं को उसी रूप में स्वीकार लेते हैं, जैसे हम हैं, तो उसके आगे बाकी सब कुछ बदल सकता है।

हर किसी की एक कीमत होती है और जीवन उस कीमत का आदर करता है। परंतु उस कीमत को डॉलर या सोने में नहीं माप सकते। यह प्रेम में मापी जाती है। इसे आत्म-प्रेम से मापा जाता है। आप स्वयं से कितना प्रेम करते हैं - यही आपकी कीमत है- और जीवन इस कीमत की कद्र करता है। जब आप स्वयं से प्रेम करते हैं, तो आपकी कीमत बहुत अधिक होती है। इसका मतलब है कि आप आत्म-प्रताड़ना को सहन नहीं कर सकते। ऐसा इसलिए है क्योंकि आप अपना सम्मान करते हैं। आप जैसे हैं, स्वयं को उसी रूप में सराहते हैं और यहीं से आपकी कीमत बढ़ जाती है। अगर आप अपने बारे में कुछ पसंद नहीं करते, तो यह कीमत थोड़ी कम हो जाती है।

कई बार अपने लिए की गई परख इतनी मज़बूत होती है कि लोगों को अपने साथ रहने के लिए सुन्न होना पड़ता है। यदि आप किसी व्यक्ति को पसंद नहीं करते तो आप उससे दूर जा सकते हैं। यदि आप कुछ लोगों के समूह को पसंद नहीं करते, तो आप उन लोगों से दूर जा सकते हैं। यदि आप स्वयं को पसंद नहीं करते, तो इससे कोई फर्क नहीं पड़ता कि आप किधर जाएँगे। आप जहाँ भी होंगे, वह आपके साथ होगा। यदि आप अपने आपको अनदेखा करना चाहते हैं तो आपको कुछ ऐसा चाहिए जो आपको सुन्न कर सके, आपके दिमाग को आपसे परे ले जा सके। कई बार शराब इसमें मदद करती है। शायद नशा भी मदद करेगा। शायद कुछ खाने से मदद होगी - खाना, खाना और खाना। आत्म-प्रताड़ना इससे भी बुरी हो सकती

है। कई लोग वास्तव में अपने से बहुत घृणा करते हैं। वे धीरे-धीरे आत्म-विनाशक होते हुए खुद को मारते रहते हैं क्योंकि उनके पास खुद को तेज़ी से मारने का साहस नहीं होता।

यदि आप आत्म-विनाशक लोगों को गौर से देखें, तो आप देखेंगे कि वे अपने जैसे लोगों को आकर्षित करते हैं। अगर हम खुद को पसंद नहीं करते तो हम क्या करते हैं? हम अपने दुःख को भुलाने के लिए शराब पीते हैं ताकि अपने आपसे दूर हो सकें। हम इसी बहाने का इस्तेमाल करते हैं। हम बार में जाकर शराब पीते हैं और पता है, हमें उस जगह कैसे लोग मिलते हैं? ये वही लोग, जो खुद से बचना चाहते हैं और खुद को सुन्न करके, अपने आपसे दूर हैं। हम मिलकर यह काम करते हैं और अपने दुःख कहने लगते हैं। और हम एक-दूसरे को अच्छी तरह समझ सकते हैं। हमें ऐसा करने में मज़ा आने लगता है। हम एक-दूसरे को अच्छी तरह समझते हैं क्योंकि हम एक ही बारंबारता पर धड़क रहे हैं। हम दोनों ही आत्म-विनाशक हैं। फिर आप मेरा दिल दुखाते हो और मैं आपका दिल दुखाता हूँ- यह नर्क का बिलकुल कमाल का संबंध है।

जब आप बदलते हैं तो क्या होता है? कारण जो भी हो, आपको शराब पीने की आवश्यकता नहीं रहती। अब आप अपने साथ सहज हैं और उसका आनंद ले रहे हैं। अब आप शराब नहीं पीते पर आपके दोस्त वही हैं, जो शराब पी रहे हैं। वे अक्सर शराब पीकर खुशी मनाते हैं पर आप देख सकते हैं कि उनकी खुशी असली नहीं है। वे जिसे खुशी कहते हैं, वह तो उनकी अपनी भावात्मक पीड़ा का विद्रोह है। उसी प्रसन्नता में उनके दिल को इतनी ठेस लगती है कि उन्हें दूसरों और अपने आपको ठेस देने में आनंद आने लगता है।

अब आप उनके बीच स्वयं को सहज नहीं पाते और वे आपसे चिढ़ने लगते हैं क्योंकि अब आप उनके जैसे नहीं रहे। तुम मुझे नकार रहे हो क्योंकि मैं तुम्हारे साथ शराब नहीं पीता? आप उनसे कहते हैं। अब आपको एक चुनाव करना है। आप चाहें तो एक कदम पीछे हट सकते हैं और बारंबारता के दूसरे स्तर तक जाकर, ऐसे लोगों से मिल सकते हैं जो आपको उसी रूप में स्वीकारेंगे, जैसे आप हैं।

आपको उस जगह एक और ही हकीकत दिखाई देती है। संबंधों का नया रूप और आप कुछ खास तरह के बुरे बर्तावों को अपनाने से इंकार कर देते हैं।

8

सेक्स : नर्क में सबसे बड़ा राक्षस

यदि हम मनुष्यों को ब्रह्माण्ड की रचना से बाहर निकाल सकते तो हमें पता चलता कि सारी सृष्टि - चांद, सितारे, पौधे, पशु, हर चीज़ - जैसी है, उसी रूप में संपूर्ण है। जीवन को किसी तरह के स्पष्टीकरण या परख की ज़रूरत नहीं है। यह हमारे बिना भी, अपनी तरह से चलता रहता है। अगर आप मनुष्यों को सृष्टि में आगे की ओर रखते हैं, परंतु उनसे परख करने की क्षमता छीन लेते हैं, तो आप देखेंगे कि हम भी सारी प्रकृति की तरह ही हैं। हम अच्छे-बुरे, सही या गलत नहीं; हम जो हैं, सो हैं।

ग्रह के सपने में हमें हर चीज़ को जायज़ ठहराना होता है - उसे अच्छा, बुरा, सही या गलत मानना होता है, जबकि यह जो है, सो है। मनुष्य ने बहुत सारा ज्ञान संजो लिया है; हमने बहुत सारे विश्वास सीखे, अपने परिवार, समाज और धर्म से नैतिक शिक्षा और नियम सीखे। हमारा अधिकतर ज्ञान और व्यवहार, उसी ज्ञान पर आधारित है। हमने ही देवदूत और राक्षस बनाए और सेक्स नर्क का सबसे बड़ा राक्षस बन गया। सेक्स इंसानों के लिए सबसे बड़ा पाप है, जबकि यह इंसानी शरीर ही सेक्स से बना है।

आप एक जैविक और सेक्स से उत्पन्न जीव हैं और आप जो हैं, वही हैं। आपका शरीर बहुत ही समझदार है। यह सारी समझ इसके जींस, डीएनए में समाई है। डीएनए को सब कुछ समझने या जायज़ ठहराने की ज़रूरत नहीं है, यह बस जानता है। सेक्स के साथ कोई समस्या नहीं है। समस्या यह है कि हम अपने ज्ञान और परख से खेलते हैं, जबकि सफाई देने की कोई बात ही नहीं है। मन के लिए

समर्पण करना मुश्किल है, वह जो है, स्वयं को उसी रूप में स्वीकार नहीं कर पाता। हमारे पास इस बारे में बहुत सारे विश्वास हैं कि सेक्स को कैसा होना चाहिए, संबंधों को कैसा होना चाहिए और ये विश्वास पूरी तरह से विकृत हैं।

नर्क में, हमें यौन संबंधों के लिए भारी कीमत चुकानी पड़ती है परंतु हमारी यह सहज वृत्ति इतनी मज़बूत है कि हम इसे फिर भी करते हैं। फिर हम अपराध-बोध और शर्म से घिर जाते हैं। हम सेक्स के बारे में तरह-तरह की बातें सुनते हैं, 'देखो, इस युवती ने क्या किया? ओह, देखो इस पुरुष ने क्या किया।' हमारे पास इस बारे में पूरी परिभाषा है कि एक स्त्री क्या है और एक पुरुष क्या है। एक स्त्री को यौन रूप से कैसे पेश आना चाहिए या किसी पुरुष को यौन रूप से कैसे पेश आना चाहिए। पुरुष हमेशा ताकतवर माने जाते हैं जो इस पर भी निर्भर करता है कि उन्हें कौन परख रहा है। स्त्रियाँ हमेशा बहुत पतली या मोटी होती हैं। हमारे मन में से ये विश्वास है कि किसी युवती को सुंदर होने के लिए कैसा होना चाहिए। आपको सही तरह के वस्त्रों के साथ उपयुक्त छवि बनानी होगी ताकि आप उस छवि में फिट और लुभावने दिख सकें। अगर आप सुंदरता की परिभाषा पर सही नहीं उतरे, तो आपको लगेगा कि आप किसी योग्य नहीं हो और कोई आपको पसंद नहीं करेगा।

हम सेक्स के बारे में बहुत सारे झूठ पर यकीन करते हैं कि हम सेक्स का आनंद नहीं लेते। सेक्स पशुओं के लिए है। यह बुरा है। हमें अपनी काम संबंधी भावनाओं के लिए लज्जित होना चाहिए। सेक्स के लिए बने ये सारे नियम प्रकृति के खिलाफ हैं और यह सपना मात्र है, जिस पर हम विश्वास करते हैं। आपकी सच्ची प्रकृति सामने आती है तो यह सभी नियमों पर खरी नहीं उतरती। आप शर्मिंदा महसूस करते हैं। आपको लगता है कि आप वह नहीं हैं जो आपको होना चाहिए।। आपकी परख होती है, आपको शिकार बनाया जाता है। आप स्वयं को दंड देते हैं और यह ठीक नहीं है। इससे ऐसे घाव पैदा होते हैं, जिनमें भावात्मक विष भर जाता है।

मन अपने खेल खेलता है पर शरीर की परवाह नहीं करता कि मन क्या सोचता है; शरीर काम संबंधी भावनाओं को सराहता है। जीवन में कभी न कभी ऐसा समय आता है जब हम इस पुकार को अनसुना नहीं कर पाते। यौन संबंधी आकर्षण पूरी तरह से सामान्य है। यह कोई परेशानी नहीं है। जब शरीर उत्तेजित होता है तो यह यौनसुख पाना चाहता है। जब इसे छुआ जाता है, जब इसे कुछ देखकर उत्तेजना होती है तो इसे सेक्स की संभावना दिखती है। शरीर यौन संबंधी भावनाओं को महसूस करता है और कुछ ही देर बाद उसकी ये भावनाएँ शांत भी हो सकती हैं। तब

शरीर को सेक्स की आवश्यकता महसूस नहीं होती परंतु दिमाग की कहानी अलग है।

मान लेते हैं कि आपका विवाह हो गया है और आपका पालन कैथोलिक परिवार में हुआ। आपके मन में इतने सारे विचार हैं कि सेक्स को कैसा होना चाहिए – क्या सही, गलत, अच्छा या बुरा है? क्या पाप है और क्या स्वीकार करने योग्य है? आपको सेक्स को जायज़ ठहराने के लिए अनुबंध पर हस्ताक्षर करने पड़ते हैं; अगर आप अनुबंध पर हस्ताक्षर नहीं करते तो सेक्स एक पाप है। आपने अपनी ओर से वफादारी निभाने का वचन दिया है पर एक दिन आप सड़क से निकलते हैं और आपको कोई दूसरा इंसान दिखाई देता है। आप उसके लिए आकर्षण अनुभव करते हैं, शरीर उस आकर्षण को अनुभव करता है। इसमें कोई समस्या नहीं, इसका यह मतलब नहीं कि आप कोई कदम उठा लेंगे, पर आप इस भावना से बच नहीं सकते क्योंकि यह पूरी तरह से सामान्य है। जब हालात बदलते हैं तो शरीर भी सब भूल जाता है पर दिमाग को इस बारे में सफाई देनी पड़ती है कि शरीर ने ऐसा महसूस क्यों किया।

मन जानता है, यही सबसे बड़ी परेशानी है। आपका मन जानता है, आप जानते हैं पर आप क्या जानते हैं? आप वही जानते हैं, जिस पर विश्वास करते हैं। इससे कोई अंतर नहीं पड़ता कि वह सही-गलत, अच्छा-बुरा, उचित या अनुचित क्या है। आपको इसी विश्वास के साथ पाला गया है कि यह गलत है और आप उसके अनुसार ही उसे परखते हैं। अब सारा तमाशा और संघर्ष आरंभ होता है।

बाद में आप उस व्यक्ति के बारे में सोचते हैं और उस सोचने से ही आपके हार्मोंस का स्तर बढ़ने लगता है। क्योंकि आपके मन में उसकी ताकतवर स्मृति है मानो आपका शरीर उसे फिर से देख रहा हो। शरीर प्रतिक्रिया देता है क्योंकि मन इसके बारे में सोचता है। अगर मन ने शरीर को अकेला छोड़ दिया तो प्रतिक्रिया ऐसे मिट जाएगी, जैसे कभी थी ही नहीं। परंतु दिमाग इसे याद रखता है और चूँकि आप जानते हैं कि यह सही नहीं है, आप खुद को परखने लगते हैं। दिमाग कहता है कि यह सही नहीं है और उस भाव को दबाने की कोशिश करता है। जब आप दिमाग के उस भाव को दबाते हैं तो जानते हैं, क्या होता है? आप उसके बारे में और ज़्यादा सोचते हैं। फिर आप उस आदमी को दोबारा देखते हैं और भले ही वह किसी और हालात में हो, आपका शरीर और अधिक मज़बूती से प्रतिक्रिया देता है।

अगर आपने पहली बार उस परख को परे कर दिया, तो हो सकता है कि उसे

दूसरी बार देखने पर आपके मन में ऐसा कोई विचार न आए। अब आप उसे दोबारा देखते हैं, मन में वही कामुक भावना आती है और आप खुद को परखते हैं, 'हे भगवान! यह सही नहीं है। मैं कितनी बुरी/बुरा हूँ।' आपको सजा मिलनी चाहिए, आप अपराध बोध से घिरे हैं। आप बेकार में ही खुद को नीचा दिखा रहे हैं और यह सब दिमाग का खेल है। शायद उस आदमी ने आपकी ओर ध्यान तक न दिया हो। आपने यह सब दिमाग में कल्पना कर ली, अपनी ओर से धारणा बनाते हुए उसे और अधिक चाहने लगे। आप चाहे उससे किसी भी कारण से मिले, आपको उससे बात करके आनंद आने लगा। फिर यह आपका जुनून बनता गया और यह बहुत आकर्षक है पर आपको डर लगता है।

फिर आप उससे प्यार करते हैं और यह अपने आपमें एक साथ सबसे बेहतर और बदतर बात है। अब आपको सच में खुद को दंडित करने का मन करता है। किस तरह की युवती/ युवक अपनी कामवासना को अपने नैतिक आदर्शों से ऊपर रखता है? कौन जाने कि दिमाग कौन सा खेल खेलनेवाला है। आपके दिल को ठेस लगी है, पर आप अपनी भावनाओं को मानने से इंकार करते हैं; आप भावात्मक पीड़ा से बचाव के लिए अपने कामों को जायज़ ठहराते हैं। 'हो सकता है कि मेरा पति/पत्नी भी ऐसे ही हों।'

यह आकर्षण गहरा होने लगता है, परंतु यह शरीर के कारण नहीं है। अब आपका दिमाग खेल रहा है। आपका भय जुनून बनता है और यौन आकर्षण के लिए आपका भय बढ़ता जा रहा है। आपको उस आदमी/औरत के साथ यौन संबंध बनाने में आनंद आता है, वह इसलिए नहीं कि वह बहुत कमाल का है या सेक्स कमाल का था। बस आपके तनाव और भय को मुक्त होने का अवसर मिलता है। इस खेल को दोबारा चालू करने के लिए दिमाग आपसे कहता है कि यह उस दूसरे व्यक्ति के कारण है, पर यह सच नहीं है।

यही तमाशा लगातार जारी रहता है और यह एक दिमागी खेल से अधिक नहीं है। यह तो वास्तव में है ही नहीं। यह प्रेम भी नहीं है क्योंकि इस तरह के संबंध बहुत विनाशक हो जाते हैं। यह आत्म-विनाशक है क्योंकि आप खुद को चोट पहुँचा रहे हैं और वहीं सबसे ज्यादा चोट लगती है जहाँ आपका विश्वास गहरा होता है। इससे अंतर नहीं पड़ता कि आपका विश्वास अच्छा है या बुरा, सही है या गलत। आप अपने विश्वासों को तोड़ रहे हैं, हम भी ऐसा करना चाहते हैं परंतु इसे इस तरह से नहीं, किसी आध्यात्मिक योद्धा की तरह करना होगा। अब आप नर्क से बाहर जाने

के लिए नहीं, नर्क में और गहराई से उतरने के लिए इस अनुभव का प्रयोग कर रहे हैं।

***

आपके शरीर और मन की माँगें पूरी तरह से अलग हैं परंतु यह आपके शरीर को बस में रखता है। आप शरीर की माँग को अनदेखा नहीं कर सकते। आपको उसे भोजन, पानी, छत, नींद और सेक्स देना ही होगा। आपके शरीर की ये सारी माँगें सामान्य हैं और इन्हें संतुष्ट करना भी आसान है। समस्या तब पैदा होती है, जब मन कहता है कि ये मेरी माँगें हैं।

मन में ही हमने इस भ्रम के बुलबुले के बीच पूरी तस्वीर बना रखी है वही हर चीज़ का दायित्व लेता है। इसे लगता है कि भोजन, पानी, आश्रय, सेक्स और नींद इसकी ज़रूरत है। पर ये इसकी ज़रूरतें नहीं हैं, ये तो शारीरिक माँगें हैं। मन को भोजन, ऑक्सीजन, पानी या सेक्स नहीं चाहिए। हम कैसे जानते हैं कि यह सच है? जब आपका मन कहता है, 'मुझे भोजन चाहिए।' आप भोजन करते हैं और शरीर पूरी तरह से संतुष्ट हो जाता है पर मन को अब भी लगता है कि उसे भोजन चाहिए और आप अपने मन को भोजन से संतुष्ट नहीं कर पाते क्योंकि असल में इसकी माँग कुछ और है।

अपने शरीर को ढकने का ही उदाहरण लें। जी, आपके शरीर को ढकने की आवश्यकता है क्योंकि तेज़ हवा चल रही है या धूप तेज़ है। पर यह आपके शरीर की माँग है और इसे आसानी से पूरा किया जा सकता है। अगर यह माँग आपके मन में होगी तो कई टन कपड़े होने के बाद भी आपको संतुष्टि नहीं होगी। आपकी अलमारी कपड़ों से भरी है और आप फिर भी कहते हैं कि आपके पास पहनने को कुछ नहीं है।

मन को एक और कार, एक अवकाश और एक अन्य गेस्ट हाउस चाहिए। आप अपने मन को इन माँगों के लिए संतुष्ट नहीं कर सकते। सेक्स के साथ भी ऐसा ही है। यदि यह मन की माँग हुई तो कभी पूरी नहीं होगी। जब यह मन के साथ होगी तो इसके साथ सारी जानकारी और परख भी जुड़ी रहेगी। तब सेक्स से निपटना मुश्किल होगा। मन को सेक्स नहीं, प्रेम चाहिए। मन से ज़्यादा, आपकी आत्मा को प्रेम चाहिए क्योंकि मन भय के बिना जी सकता है। भय भी ऊर्जा है और मन का भोजन है – यह वैसा भोजन नहीं जो आप चाहते हैं परंतु यह कारगर होता है।

हमें अपने शरीर को मन की माँगों से आज़ाद करना होगा। अगर हमारे मन में भोजन या सेक्स की इच्छा नहीं होगी तो हमारे लिए सब कुछ संभालना आसान हो जाएगा। पहला कदम यही है कि हम इन माँगों को दो हिस्सों में विभाजित कर दें। ये शरीर की माँगें हैं; ये मन की माँगें हैं।

मन शरीर की माँग को अपनी माँग के साथ मिलाकर उलझा देता है क्योंकि इसे जानना है – मैं कौन हूँ? हम भ्रम और माया से घिरे संसार में है और हमें नहीं पता कि हम क्या हैं। यह मन ही सारे प्रश्न पैदा करता है कि मैं कौन हूँ। 'मैं कौन हूँ' यही सबसे बड़ा रहस्य बन जाता है और इसका उत्तर सुरक्षित रहने की माँग को पूरा करता है। मन कहता है, 'मैं शरीर हूँ। मैं वहीं हूँ जो मैं देखता हूँ; मैं वही हूँ, जो मैं सोचता हूँ; मैं वहीं हूँ जो मैं महसूस करता हूँ। मेरे मन को ठेस लगी है; मेरे मन से रक्त बह रहा है।'

मन और शरीर की निकटता इतनी अधिक है कि मन यह मानता है, मैं शरीर हूँ। वह शरीर के इतना निकट है कि उसे शरीर की माँग भी अपनी लगती है। वह शरीर से जुड़ी हर बात को निजी रूप से लेता है क्योंकि यह समझने की कोशिश में है कि मैं कौन हूँ। इस तरह यह पूरी तरह सामान्य है कि कभी न कभी मन शरीर को पूरी तरह से बस में कर लेता है। और आप अपना जीवन उसी तरह तब तक जीते रहते हैं, जब तक कोई चीज़ आपको स्तब्ध करके यह नहीं दिखा देती कि आप क्या नहीं हैं।

जब आपको यह दिखता है कि आप क्या नहीं हैं तो आप सजग होने लगते हैं, तब आपके मन को एहसास होने लगता है कि यह शरीर नहीं है। आपका मन कहता है, 'फिर मैं कौन हूँ? क्या मैं हाथ हूँ? अगर मैं हाथ को काट देता हूँ तो मैं फिर भी मैं हूँ। फिर मैं अपना हाथ नहीं हूँ।' आप पहचानने लगते हैं कि आप क्या नहीं हैं और अंत में केवल यही शेष बचता है कि आप जो सच में हैं। मन को अपनी ही पहचान करने में लंबा समय लगता है। इस दौरान आप उस निजी कहानी को पीछे छोड़ देते हैं, जो आपको सुरक्षित महसूस करवाती है, जब तक आप सही मायनों में समझ नहीं पाते कि आप क्या हैं।

आपको पता लगता है कि आप वह नहीं हैं जो आप विश्वास रखते हैं क्योंकि आपने कभी अपने विश्वास नहीं चुने। ये विश्वास जन्म से ही आपके साथ थे। आपने पाया कि आप अपना शरीर भी नहीं हैं क्योंकि आप अपने शरीर से काम करने लगे हैं। आपने देखा कि आप सपना नहीं हैं, आप मन नहीं हैं। यदि और गहराई में उतरें

तो आप देख सकते हैं कि आप आत्मा भी नहीं हैं। तब आपको जो मिलेगा, वह अद्‌भुत होगा। आपको पता चलेगा कि आप एक शक्ति हैं, बल हैं – ऐसी शक्ति जिसके बल पर आपका शरीर जीता है, ऐसी शक्ति जिसके बल पर आपका मन सपना देखता है।

आपके बिना, इस शक्ति के बिना, आपका शरीर धरती पर ढेर हो जाएगा। आपके बिना, यह सारा सपना कहीं खो जाएगा। आप सही मायनों में क्या हैं, आप वही शक्ति हैं जो जीवन है। अगर आप किसी निकटतम व्यक्ति की आँखों में देखें, तो आपको आत्म-सजगता, जीवन की अभिव्यक्ति चमकती दिखाई देगी। जीवन कोई शरीर नहीं; यह कोई मन नहीं; और न ही यह कोई आत्मा है। यह एक शक्ति है। इसी शक्ति के बल पर नवजात शिशु, किशोर और फिर वयस्क बनता है; यह प्रजनन करता है और बूढ़ा होता है। जब जीवन शरीर का त्याग करता है, तो शरीर का क्षय होता है और यह मिट्‌टी हो जाता है।

आपके शरीर में जीवन प्रवाहित हो रहा है, यह आपके मन और आत्मा में प्रवाहित हो रहा है। जब आप एक बार यह जान लेते हैं तो इसके लिए किसी तर्क या बुद्धि की आवश्यकता नहीं होती, आप इस जीवन को महसूस कर सकते हैं- आपको पता चलता है कि आप ही वह शक्ति हैं, जिससे फूल खिलते और मुरझाते हैं, जिसके बल पर नन्ही चिड़िया एक से दूसरे फूल तक जाती है। आपको पता चलता है कि आप हर वृक्ष में हैं, हर पशु, वनस्पति और चट्‌टान में हैं। आप ही वह शक्ति हैं जिसके बल पर हवा चलती है और आपके शरीर में साँस लेती है। यह सारा ब्रह्माण्ड ही जीवंत है जो उसी शक्ति के बल पर चल रहा है ओर आप वही हैं। आप जीवन हैं।

9
दिव्य शिकारी

ग्रीक पुराणगाथाओं में, एक दिव्य शिकारी आर्टेमिस की कथा आती है। देवी आर्टेमिस को सबसे श्रेष्ठ शिकारी माना जाता था क्योंकि वह बिना किसी प्रयास के शिकार करती थी। वह अपनी ज़रूरतों को आसानी से पूरा करती और पूरे जंगल के साथ संपूर्ण सामंजस्य में रहती थी। वन में सभी उसे चाहते थे और उसके हाथों शिकार होना, अपना सौभाग्य मानते थे। ऐसा कभी नहीं लगता था कि आर्टेमिस शिकार कर रही थी; वह जो भी चाहती थी, स्वयं ही उसके पास आ जाता। यही वजह थी कि उसे श्रेष्ठ माना जाता था, परंतु इसके कारण ही उसका शिकार करना कठिन हो गया था। उसका पशु रूप एक जादुई हिरणी थी, जिसका शिकार करना लगभग असंभव था।

आर्टेमिस वन में पूरे तालमेल के साथ रहती थी और एक दिन राजा ने ज्यूस के पुत्र हरक्युलिस को एक आदेश दिया कि उसे आर्टेमिस की जादुई हिरणी का शिकार करना होगा। हरक्युलिस को अपनी पाप मुक्ति और देवता बनने के लिए ये काम करना ही था। ज्यूस का अविजित पुत्र हरक्युलिस इस काम से इंकार नहीं कर सका; वह हिरणी का शिकार करने जंगल में चला गया। हिरणी ने उसे देखा तो वह उससे भयभीत नहीं हुई। उसने हरक्युलिस को अपने पास आने दिया पर जब हरक्युलिस ने उसे पकड़ना चाहा तो वह भाग गई। अगर उसे हिरणी को पकड़ना था तो यह तभी संभव था जब वह उससे बेहतर शिकारी बनता।

हरक्युलिस ने देवताओं के संदेशवाहक हर्मीज को बुलाया और उससे पंख उधार ले लिए। अब वह भी हर्मीज की तरह उड़ सकता था और जल्दी ही हरक्युलिस

का शिकार उसके हाथों में था। आप आर्टेमिस की प्रतिक्रिया की कल्पना कर सकते हैं। उसका शिकार हो चुका था और वह बदला लेना चाहती थी। वह भी हरक्युलिस का शिकार करना चाहती थी और उसने उसे पकड़ने की पूरी कोशिश की पर हरक्युलिस का शिकार करना असंभव हो गया था। वह आज़ाद था और आर्टेमिस चाहकर भी अपना मकसद पूरा नहीं कर सकी।

आर्टेमिस को हरक्युलिस की कोई आवश्यकता नहीं थी। उसके मन में हरक्युलिस को पाने की चाह पैदा हुई पर ये एक भ्रम से अधिक नहीं था। उसका मानना था कि उसे हरक्युलिस से प्यार हो गया था और वह उसे अपने लिए पाना चाहती थी। उसके दिमाग में हमेशा वही छाया रहता, उसे लगता था कि जब तक हरक्युलिस नहीं मिलता, वह खुश नहीं रह सकेगी। आर्टेमिस बदलने लगी। अब वह जंगल के साथ पहले की तरह तालमेल में नहीं थी क्योंकि अब वह केवल अपने मन की ख़ुशी के लिए शिकार करने लगी थी। उसने अपने ही नियम तोड़ दिए और हिंसक दरिंदा बन गई, पशु उससे डरने लगे और जंगल ने उसे अस्वीकार कर दिया; पर उसे परवाह नहीं थी। उसे सच दिखाई नहीं दिया; उसे हमेशा हरक्युलिस का ही ख्याल रहता।

हरक्युलिस को बहुत काम करने पड़ते थे पर वह कई बार उससे मिलने जंगल में जाता। आर्टेमिस अपनी ओर से उसका शिकार करने की पूरी कोशिश करती। जब वह हरक्युलिस के साथ होती तो वह प्रसन्न रहती पर उसे यह भी पता था कि हरक्युलिस को वापस जाना होगा और वह जलनखोर बनकर उस पर अपना अधिकार जमाने लगी। हरक्युलिस चला जाता, उसका मन दुःखी होता और आर्टेमिस रोने लगती। उसे हरक्युलिस से नफरत थी पर उससे प्यार भी था।

हरक्युलिस को कोई अनुमान नहीं था कि आर्टेमिस के मन में क्या चल रह था। उसने ध्यान ही नहीं दिया कि वह उसका पीछा कर रही थी। हरक्युलिस ने कभी अपने-आपको शिकारी नहीं माना। वह आर्टेमिस को चाहता था, उसका आदर करता था पर वह ऐसा नहीं चाहती थी। वह उसे अपना बनाना चाहती थी, उसका शिकार करके अपने वश में करना चाहती थी। जंगल में आर्टेमिस को छोड़कर बाकी सबको यह दिखाई देता था। उसके पास यह जानने की सजगता नहीं थी कि वह अपने स्तर से कितना नीचे गिर गई थी। उसे यह भी पता नहीं था कि उनका जंगल जो कभी स्वर्ग था, वह नर्क में बदल गया था क्योंकि उसके पतन के साथ ही बाकी शिकारियों का भी पतन हो गया था; वे सारे हिंसक दरिंदे बन चुके थे।

एक दिन हर्मीज ने पशु का रूप लिया और ज्यों ही आर्टेमिस उसे मारने ही वाली थी कि वह अपने देवता रूप में वापस आ गया। आर्टेमिस ने अपना खोया हुआ विवेक वापस पा लिया। उसने ही आर्टेमिस को बताया कि उसका पतन हो चुका था और इस सजगता के साथ वह हरक्युलिस की खोज में निकली ताकि उससे माफी माँग सके। वह अपने निजी महत्त्व के कारण ही उस पतन का शिकार हुई। उसे हरक्युलिस से बात करने के बाद एहसास हुआ कि उसने कभी उसका अपमान नहीं किया क्योंकि वह जानता ही नहीं था कि उसके मन में क्या चल रहा था। फिर उसने अपने आसपास जंगल में देखा, उसने अपने वन की क्या दशा बना दी थी। उसने हर फूल और पशु से क्षमा चाही और उनका प्यार वापस पा लिया। एक बार फिर से, आर्टेमिस दिव्य शिकारी बन गई।

मैंने आपको यह कहानी इसलिए सुनाई ताकि आप जान सकें कि हम सभी शिकारी हैं और हम सभी शिकार भी हैं। जिस भी चीज़ का अस्तित्व है; वह शिकारी और शिकार दोनों हैं। हम किसका शिकार करते हैं? हम अपनी माँगों को पूरा करने के लिए शिकार करते हैं। मैंने आपको शरीर और मन की माँगों के बारे में बताया था। जब मन स्वयं को शरीर मानता है तो माँगें भ्रम होती हैं जो कभी पूरी नहीं होतीं। जब हम मन की उन माँगों का शिकार करते हैं, तो हम शिकारी होते हैं – हम उसका शिकार कर रहे हैं, जो हमें नहीं चाहिए।

मनुष्य प्रेम का पीछा करते हैं। हमें लगता है कि हमें प्रेम चाहिए क्योंकि हमें लगता है कि हमारे पास प्रेम नहीं है। हम स्वयं से प्रेम नहीं करते। हम अपनी तरह दूसरे इंसानों में प्रेम का पीछा करते हैं। हमें उम्मीद है कि हमें उनसे प्रेम मिलेगा जबकि वे भी ठीक हमारे जैसे हालात में हैं। वे भी स्वयं से प्रेम नहीं करते तो हमें उनसे कितना प्रेम मिल सकता है? हम केवल एक बड़ी माँग पैदा करते हैं, जो असली नहीं है। हम लगातार खोज करते हैं, पर वह गलत जगह पर है क्योंकि दूसरों के पास वह प्रेम नहीं है जो हमें चाहिए।

जब आर्टेमिस को अपने पतन का पता चला तो वह वापस अपने पास लौटी क्योंकि उसे जो चाहिए था, वह सब पहले से उसके पास था। हमारे लिए भी यही सच है क्योंकि हम सभी उस आर्टेमिस की तरह हैं, जो अपने पतन के बाद अपनी मुक्ति की राह खोजती है। हम प्रेम का पीछा कर रहे हैं। हम न्याय और प्रसन्नता के लिए पीछे भाग रहे हैं। हम ईश्वर की खोज में हैं पर वे तो हमारे भीतर समाए हैं।

***

जादुई हिरण के शिकार की कथा हमें सिखाती है कि आपको अपने भीतर शिकार करना होगा। आपको यह महान रूपक याद रखना चाहिए। अगर आपने आर्टेमिस की कहानी को याद रखा तो आपको हमेशा अपने भीतर प्यार मिलेगा। प्रेम के लिए एक-दूसरे का शिकार करनेवाले इंसान कभी संतुष्ट नहीं हो सकते; उन्हें वह प्रेम कभी नहीं मिलेगा जो वे दूसरे इंसानों से पाना चाहते हैं। मन इसे पाना चाहता है पर हम इसे संतुष्ट नहीं कर सकते क्योंकि यह है ही नहीं। यह कभी था ही नहीं।

हमें जो प्रेम चाहिए, वह हमारे अंदर बसा है पर वह एक मुश्किल शिकार है। आपको उस प्रेम को पाने के लिए अपने भीतर शिकार करना होगा, जो सरल नहीं है। आपको तेज़ होना होगा, हर्मीज जितना तेज़ होना होगा क्योंकि कोई भी चीज़ आपका ध्यान लक्ष्य से भटका सकती है। जो भी चीज़ आपका ध्यान अपनी ओर खींचेगी, वही आपको लक्ष्य से भटका देगी। अगर आप उसे पकड़ सके तो आप देखेंगे कि प्रेम आपके भीतर कितना ताकतवर हो सकता है और यह आपकी सारी माँगों को पूरा कर सकता है। यह आपकी प्रसन्नता के लिए बहुत महत्त्वपूर्ण है।

अक्सर इंसान संबंधों में शिकारियों की तरह ही पेश आते हैं। वे जो चाहते हैं, उम्मीद करते हैं कि उन्हें दूसरे इंसान में मिलेगा और उन्हें पता चलता है कि वहाँ कुछ नहीं मिला। जब आप बिना किसी माँग के किसी संबंध में प्रवेश करते हैं, तो यह एक अलग कहानी होती है।

आप अपने भीतर शिकार कैसे कर सकते हैं? आपको अपने भीतर छिपे प्रेम को पकड़ना है, आपको अपने आगे एक शिकारी और शिकार के रूप में समर्पण करना होगा। आपके मन के भीतर ही एक शिकारी और शिकार है। शिकार कौन है और शिकारी कौन है? आम लोगों में पैरासाइट या परजीवी शिकारी है। पैरासाइट आपके बारे में सब जानता है और उसे भय से मिलनेवाले भाव चाहिए। पैरासाइट कचरे पर जीवित रहता है। उसे भय और तमाशा पसंद है; उसे गुस्से, जलन और घृणा से प्रेम है; यह हर उस भाव को पसंद करता है जो आपको कष्ट दे सकता है। पैरासाइट को अपने बस में करना होगा।

पैरासाइट के रूप में आपकी आत्म-प्रताड़ना, दिन में चौबीसों घंटे आपका शिकार कर रही है; यह हमेशा आपके पीछे पड़ी रहती है। इस तरह हम बड़ी आसानी से पैरासाइट के हाथों शिकार हो जाते हैं। वह आपके साथ बुरा बर्ताव करता है। यह शिकारी से बढ़कर है, यह एक हिंसक दरिंदा है और आपको जीवित

ही खा रहा है। हमारा भावात्मक शरीर शिकार है, हमारा यह हिस्सा हमेशा कष्ट में रहता है; हमारा यह हिस्सा अपने लिए मुक्ति चाहता है।

ग्रीक पौराणिक गाथाओं में, प्रोमेथियस की कहानी आती है, जिसे एक चट्टान से जंजीरों से बांधा गया था। दिन में एक बाज आकर उसकी आँतों को खाता था; रात को प्रोमेथियस ठीक हो जाता। हर दिन बाज आता और उसकी आँतों को फिर से खाने लगता। इसका क्या मतलब है? जब प्रोमेथियस जाग रहा है, तो वह अपने भौतिक और भावात्मक शरीर के साथ है। बाज पैरासाइट है जो उसकी आँतें खा रहा है। रात के समय उसके पास भावात्मक शरीर नहीं होता था और वह ठीक हो जाता था। वह फिर से जन्म लेता ताकि बाज का भोजन बन सके। ऐसा तब तक होता रहा जब तक हरक्युलिस उसे बचाने नहीं आ जाता। हरक्युलिस ईसा मसीह, बुद्ध या मूसा की तरह है, जो कष्टों की जंजीरों को तोड़कर आपको आज़ाद करता है।

अपने भीतर शिकार करने के लिए, आपको अपनी हर प्रतिक्रिया का शिकार करना होगा। आपको एक-एक कर अपनी दिनचर्या में बदलाव लाना होगा। आपको उस सपने से आज़ाद होना है, जिसने आपको अपने बस में कर रखा है। यह आपके और दरिंदे के बीच होनेवाली लड़ाई जिसमें सच बीच में खड़ा है। कनाडा से लेकर अर्जेंटीना तक सभी पश्चिमी परंपराओं में, हम स्वयं को योद्धा कहते हैं क्योंकि योद्धा ऐसा शिकारी होता है, जो अपना शिकार करता है। यह एक बड़ा युद्ध है क्योंकि यह युद्ध परजीवी के खिलाफ है। योद्धा होने का मतलब यह नहीं कि आप युद्ध जीत ही लेंगे पर कम से कम आप विद्रोही तो होंगे और आप यह स्वीकार नहीं करेंगे कि परजीवी आपको जीवित ही खा ले।

शिकारी बनना ही पहला कदम है। जब हरक्युलिस आर्टेमिस की खोज में जंगल में गया, तो वह उस हिरणी को किसी भी तरह से नहीं पकड़ सकता था। फिर वह महागुरु हर्मीज के पास गया और उसने एक बेहतर शिकारी होना सीखा। उसे आर्टेमिस का पीछा करने के लिए उससे बेहतर शिकारी होना था। अपने शिकार के लिए आपको भी उस परजीवी से बेहतर शिकारी बनाना होगा।

अगर परजीवी दिन में चौबीसों घंटे काम कर रहा है, तो आपको भी दिन में चौबीसों घंटे काम करना होगा। उसका यह फायदा है कि वह आपको जानता है। आप उससे किसी भी हाल में छिप नहीं सकते। वह सबसे मुश्किल दरिंदा है। आपका एक हिस्सा लोगों के सामने आपके बर्ताव को जायज़ ठहराता है, पर जब अकेले

होते हैं तो आपकी सबसे बुरी तरह से परख करता है। यह हमेशा परख करता है, दोष देता है और आपको महसूस करवाता है मानो आप कोई अपराधी हैं।

नर्क के सामान्य संबंध में, आपके साथी का परजीवी, आपके परजीवी से दोस्ती कर लेता है और आपके खिलाफ खड़ा होता है। केवल आपका परजीवी ही आपको कष्ट नहीं दे रहा। उसने आपके साथी के परजीवी को भी अपने साथ मिला लिया और मिलकर आपको कष्ट दे रहे हैं। अगर आप यह जानते हैं कि आप एक बदलाव ला सकते हैं। आप अपने साथी के प्रति करुणा रखते हुए, उसे अनुमति दे सकते हैं कि वह अपने परजीवी से स्वयं निपटे। जब भी आपका साथी आज़ादी की ओर एक कदम बढ़ाए तो आप प्रसन्न हो सकते हैं। आपको पता होना चाहिए कि जब भी आपका साथी गुस्से, जलन या उदासी की पकड़ में हो तो उस समय वह वही व्यक्ति नहीं है, जिसे आप प्रेम करते हैं, उन क्षणों में उसे परजीवी ने अपने बस में किया हुआ है।

आप जानते हैं कि पैरासाइट या परजीवी मौजूद है और यह भी जानते हैं कि आपके साथी के साथ क्या हो रहा है, आप अपने साथी को उससे निपटने का समय दे सकते हैं। आप अपने ही आधे संबंध के लिए उत्तरदायी हैं, आप उसे अनुमति दे सकते हैं कि वह अपने निजी सपने की व्यवस्था करे। इस तरह, आपके लिए अपने साथी के कामों को निजी रूप से न लेने में आसानी होगी। इस तरह आपके संबंध में मदद होगी क्योंकि आपका साथी ऐसा कुछ नहीं करेगा जो आपको निजी हमला लगे। आपका साथी अपने ही भीतर जमा कचरे और बोझ से जूझ रहा है। अगर आप इसे निजी रूप से नहीं लेते तो आपके लिए अपने साथी के साथ एक अद्‌भुत संबंध बनाए रखना बहुत आसान हो जाएगा।

10
प्रेमभरी दृष्टि

अगर आप अपने शरीर को देखें तो पाएँगे कि करोड़ों सजीव आप पर निर्भर रहते हैं। आपके शरीर की हर जीवित कोशिका एक सजीव प्राणी है, जो आप पर निर्भर होती है। आप उन सभी जीवों के लिए उत्तरदायी हैं। वे सभी कोशिकाएँ, उनके लिए आप ईश्वर के समान हैं। आप ही उन्हें वह सब दे सकते हैं, जो वे चाहती हैं; आप उन सबसे प्रेम कर सकते हैं या उनके साथ नीचता का बर्ताव कर सकते हैं।

आपके शरीर की कोशिकाएँ पूरी तरह से आपके लिए वफादार हैं; वे आपके साथ तालमेल में काम करती हैं। हम यह भी कह सकते हैं कि वे आपकी पूजा करती हैं। आप उनके भगवान हैं। यह पूरी तरह से सच है। यह जानने के बाद अब आप क्या करनेवाले हैं?

याद रखें, वह पूरा जंगल आर्टेमिस के साथ सामंजस्य में था। जब उसका पतन हुआ तो जंगल के लिए उसके मन में आदर का भाव भी नहीं रहा। जब वह सजग हुई तो उसने एक-एक फूल से जाकर कहा, 'मुझे माफ कर दो। अब से मैं सबका ध्यान रखूँगी।' आपके और आपके शरीर एवं आपकी सारी कोशिकाओं के बीच का संबंध पूरी तरह से आप पर निर्भर है, आप ही सबसे सुंदर संबंध बना सकते हैं। आपका शरीर और वे सभी जीवित कोशिकाएँ अपने आधे संबंध के साथ संपूर्ण हैं जिस तरह वह कुत्ता अपने संबंध में पूरा था। बाकी आधा हिस्सा आपका मन है। आपका शरीर अपने आधे संबंध की देख-रेख करता है परंतु मन शरीर के साथ बुरा बर्ताव करता है, शरीर के साथ गलत तरीके से पेश आता है और उसके साथ नीचता पर उतर आता है।

जरा देखें कि आप अपने कुत्ते या बिल्ली के साथ कैसे पेश आते हैं। अगर आप अपने शरीर से भी उसी तरह पेश आ सकें, जैसे आप अपने कुत्ते साथ आते हैं तो आप देख सकते हैं कि यह सब कुछ प्रेम के बारे में है। आपका शरीर मन से मिलनेवाले प्रेम को पाना चाहता है पर मन कहता है, 'नहीं, मुझे अपने शरीर का यह हिस्सा नहीं पसंद। मेरा नाक तो देखो। मुझे अपना नाक नहीं पसंद। मेरे कान- ये कितने बड़े हैं। मेरा शरीर कितना मोटा है। मेरी टाँगें कितनी छोटी हैं। मेरा मन शरीर के बारे में इन सब बातों की कल्पना करता है।'

आपका शरीर जैसा भी है, अपने आपमें संपूर्ण है पर हमने पहले से सही-गलत, अच्छे और बुरे की धारणा बना रखी है। हमने तय कर रखा है कि क्या सुंदर और क्या सुंदर नहीं है। यह बस हमारी सोच है पर हम इस पर भरोसा करते हैं और यही हमारी सबसे बड़ी समस्या है। अपने मन की उस संपूर्ण छवि के अनुसार ही हमें लगता है कि हमारे शरीर को ऐसा दिखना चाहिए या ऐसे पेश आना चाहिए। हम अपने ही शरीर को नकार देते हैं जबकि वह हमारे लिए अपनी वफादारी निभाता है। जब हमारा शरीर अपनी सीमाओं के कारण कुछ नहीं कर पाता, तो भी हम अपने शरीर को उसकी सीमाओं से परे धकेलते हैं।

जरा देखें कि आप अपने शरीर के साथ क्या करते हैं। अगर आप अपने ही शरीर को नकारते हैं, तो दूसरे लोग आपसे क्या उम्मीद रखते हैं? अगर आप अपने शरीर को स्वीकार करते हैं, तो आप हर व्यक्ति और हर वस्तु को स्वीकार कर सकते हैं। जब भी संबंधों की कला की बात आती है तो यह बिंदु बहुत अहम हो जाता है। आप अपने साथ जो संबंध रखते हैं, वह दूसरों के साथ आपके संबंध में दिखाई देता है। अगर आप अपने ही शरीर को नकारते हैं, तो जब आप अपने साथी के साथ प्यार बाँटते हैं, तो आपको लज्जा आती है। आपको लगता है कि आपका शरीर कितना बुरा है। आपका साथी ऐसे शरीर से प्रेम कैसे कर सकता है। फिर आप खुद को नकारकर यह मान लेते हैं कि सामनेवाला भी आपको इसी वजह से नकार देगा। जब आप किसी को नकारते हैं तो आप उसे उन्हीं बातों के लिए नकारते हैं, जिन्हें आप खुद में पसंद नहीं करते।

एक ऐसा संबध रचने के लिए, जो कि आपको स्वर्ग तक ले जाए, आपको अपने शरीर को पूरी तरह से स्वीकार करना होगा। आपको अपने शरीर से प्रेम करते हुए इसे बिना किसी लज्जा के देने या लेने के योग्य बनाना होगा क्योंकि लज्जा भय का ही दूसरा रूप है।

जरा सोचें कि आप अपने कुत्ते को कैसे देखते हैं। आप उसे प्रेम भरी निगाह से देखते हैं और उसकी सुंदरता का आनंद लेते हैं। इससे कोई अंतर नहीं पड़ता कि कुत्ता सुंदर है या नहीं। आप उसकी सुंदरता देखकर मोहित हो सकते हैं क्योंकि आप उसकी सुंदरता पर मालिकाना हक नहीं रखते। सुंदरता तो एक अवधारणा है, जिसे हमने सीखा है।

क्या आपको लगता है कि एक कछुआ या मेंढक बदसूरत है? आप एक मेंढक को देख सकते हैं, वह कितना सुंदर है। आप एक कछुए को देख सकते हैं, वह कितना सुंदर दिखता है। जिस भी चीज़ का अस्तित्व है, वह सुंदर लगती है। पर आपको लगता है कि ये तो बदसूरत है क्योंकि किसी ने आपको यकीन दिलाया है कि सुंदर किसे कहते हैं या बदसूरत क्या होता है, जैसे उसने आपको अच्छा और बुरा भी सिखाया है।

सुंदर या बदसूरत, पतला या मोटा, छोटा या लंबा होने में कोई हर्ज नहीं है। जबरदस्त दिखने में भी कोई हर्ज नहीं है। अगर भीड़ में से निकल रहे हों और लोग आपकी सुंदरता की प्रशंसा करें तो आप उन्हें धन्यवाद देकर कह सकते हैं कि आप जानते हैं। इससे आपको कोई फर्क नहीं पड़ेगा। पर अगर आप यह नहीं मानते कि आप सुंदर हैं और कोई आपकी सुंदरता की तारीफ करेगा तो आप हैरान होकर पूछेंगे, 'क्या सचमुच ऐसा है?' यह राय आपको प्रभावित कर सकती है और बेशक, आप आसानी से शिकार हो जाएँगे।

आपको लगता है कि आपको यही राय चाहिए थी क्योंकि आपको नहीं लगता कि आप सुंदर हैं। आपको जादुई रसोईवाली कहानी याद है? अगर आपके पास पर्याप्त मात्रा में भोजन है और कोई आपसे कहता है कि वह आपको भोजन देगा पर आपको उसके बस में रहना होगा, तो आप उसे धन्यवाद देते हुए इंकार कर देंगे। अगर आप सुंदर होना चाहते हैं और यह विश्वास नहीं रखते कि आप सुंदर हैं, ऐसे में कोई अगर कहता है, 'यदि तुम मेरे बस में रहो तो मैं हमेशा कहता रहूँगा कि तुम सुंदर हो।' आप उसे उसी समय हामी भर देंगे क्योंकि आप चाहते हैं कि कोई आपको बार-बार यकीन दिलाए कि आप सुंदर हैं। चाहे आपको उसके बस में ही क्यों न होना पड़े। आप उसे ऐसा करने की अनुमति देंगे क्योंकि आपको उसकी राय की ज़रूरत है।

दूसरों से मिलनेवाली राय के बजाए आपकी अपनी राय कहीं अधिक महत्त्व रखती है। चाहे आपका मन जो भी कहे, आप सुंदर हैं। यह एक सच है। आपको

कुछ भी करने की जरूरत नहीं, आपके पास पहले से वह सुंदरता मौजूद है जो आपको चाहिए। आपको सुंदर बनने के लिए किसी के साथ बंधन में बंधने की आवश्यकता नहीं। दूसरे जो देखना चाहें, देखने के लिए आज़ाद हैं। अगर दूसरे आपको देखकर परखते हैं कि आप सुंदर हैं या नहीं और अगर आप अपनी सुंदरता को मान देती हैं तो उनकी राय का आप पर कोई असर नहीं होगा।

शायद आप इसी सोच के साथ बड़े हुए कि आप आकर्षक नहीं हैं और आपको दूसरों की सुंदरता देखकर जलन होती है। फिर आप उस जलन को जायज ठहराने के लिए स्वयं से कहते हैं, 'मैं सुंदर नहीं बनना चाहता/चाहती।' हो सकता है कि आपको सुंदरता के नाम पर भय भी हो। यह भय कई दिशाओं से आ सकता है और यह सबके लिए एक सा नहीं होता। सुंदर स्त्रियाँ पुरुषों को वश में रखती हैं बल्कि पुरुषों को ही नहीं अन्य स्त्रियाँ भी उनसे दबती हैं। जो स्त्रियाँ आपके जितनी सुंदर नहीं हैं, हो सकता है कि उन्हें आपसे जलन हो कि आप पुरुषों के आकर्षण का केंद्र हैं। अगर आप किसी खास तरह की पोशाक पहनती हैं और पुरुष आपके दीवाने होते हैं, तो वे स्त्रियाँ आपके बारे में कहेंगी कि आपका चरित्र अच्छा नहीं है। आप लोगों की इन्हीं बातों से डरेंगी। ये सब वही धारणाएँ और झूठे विश्वास हैं, जो भावात्मक शरीर में घुले घाव बन गए हैं। बेशक, हम अपने झूठ और इंकार तंत्रों से इस झूठ को ढकने की कोशिश करते हैं।

जलन या ईर्ष्या भी ऐसा विश्वास है, जिसे सजगता से आसानी से तोड़ सकते हैं। आपको दूसरे लोगों की जलन से निपटना सीखना होगा क्योंकि सच तो यही है कि आप सभी सुंदर हैं। एक व्यक्ति और दूसरे व्यक्ति की सुंदरता में जो अंतर है, वह उनकी धारणा या सोच के कारण है।

सुंदरता एक अवधारणा है, बस एक विश्वास, पर आप उस धारणा पर विश्वास रखते हुए उसे अपनी सारी ताकत का आधार बना सकते हैं। समय बीतता है और आप देखते हैं कि आप बूढ़े हो रहे हैं। शायद अब आप अपने नज़रिए से उतने सुंदर नहीं रहे और कोई युवती आपके आगे आती है जो सुंदर है। आप अपनी ताकत बनाए रखने के लिए प्लास्टिक सर्जरी करवाना चाहते हैं क्योंकि आपको लगता है कि आपकी सुंदरता ही आपकी ताकत है। हमारा अपना बुढ़ापा हमें काटने को दौड़ता है। आप सोचने लगते हैं कि सुंदरता नहीं रही तो क्या आपका साथी आपको प्यार करेगा। आपको लगता है कि अब उसका ध्यान आपसे और अधिक आकर्षक युवतियों में रहेगा।

हम बुढ़ापे का विरोध करते हैं; हमें लगता है कि कोई बूढ़ा है तो वह सुंदर नहीं होगा। यह विश्वास पूरी तरह से गलत है। अगर आप किसी नवजात को देखें, वह कितना सुंदर लगता है। एक बूढ़ा इंसान भी सुंदर होता है। समस्या हमारी आँखों में छिपे भाव में है, जो किसी चीज़ को सुंदर और किसी को असुंदर मानता है। हम सभी इसी परख से गुज़रते हैं और ये हमारी ही प्रसन्नता को सीमाओं में डाल देती है। हम अपने आपको ही नकारने लगते हैं और फिर दूसरों को नकारने का सिलसिला चालू हो जाता है। क्या आप देख सकते हैं कि हम किस तरह यह तमाशा करते हैं, हम किस तरह स्वयं को इन विश्वासों के माध्यम से असफल कर देते हैं।

बुढ़ापा एक सुंदर घटना है, जिस तरह विकसित होना सुंदर होता है। हम एक बच्चे से वयस्क और फिर सुंदर युवक और युवती बनते हैं। यह सुंदर बात है। उसी तरह एक बूढ़ा या बुढ़िया बनना भी सुंदर बात है। इंसानों के जीवन में कुछ वर्ष ऐसे होते हैं, जिनमें हम सक्रियता से प्रजनन करते हैं। उन वर्षों के दौरान, हम यौन रूप से आकर्षक होना पसंद कर सकते हैं क्योंकि प्रकृति ने हमें ऐसा ही बनाया है। उसके बाद हमें उस नज़रिए से यौन रूप से आकर्षक होने की आवश्यकता नहीं है पर इसका मतलब यह नहीं कि हम सुंदर नहीं रहे।

आप वही हैं, जो आप स्वयं को मानते हैं। आप जो हैं, वह होने के सिवा करने के लिए कुछ और नहीं है। आपको सुंदर दिखने और आनंद पाने का पूरा हक है। आप अपने शरीर को ज्यों का त्यों आदर और मान दे सकते हैं। आपको किसी ऐसे व्यक्ति की आवश्यकता नहीं जो आपको प्यार दे सके। यह प्रेम आपके भीतर से आता है। यह हमारे भीतर ही बसता है और सदा ही रहा है। बस कोहरे की उस दीवार के कारण हम इसे देख नहीं पाते थे, इसे महसूस नहीं कर सकते थे। आप अपने से बाहर की सुंदरता को तभी जान सकते हैं जब आपने अपने भीतर छिपी सुंदरता को महसूस कर लिया हो।

आपके मन में विश्वास जम गया है कि यह सुंदर है या बदसूरत है और अगर आप स्वयं को पसंद नहीं करते तो आप अपने विश्वास को बदल सकते हैं और इस तरह आपका पूरा जीवन बदल जाएगा। यह सुनने में सरल लगता है, परंतु इतना आसान नहीं है। जो भी इस विश्वास को बस में करता है, वह सपने को भी नियंत्रित कर लेता है। जब सपना देखनेवाला अंतत: सपने को बस में कर लेता है तो उसका सपना कला का मास्टरपीस बन सकता है।

***

आप प्रतिदिन अपने शरीर की पूजा करते हुए, ऐसा कर सकते हैं। भारत में, लोग विभिन्न देवी और देवताओं के लिए पूजा और अनुष्ठान करते हैं। पूजा में वे मूर्ति के आगे सिर झुकाते हैं, उसके आगे फूल रखते हैं और उसे प्यार से भोग लगाते हैं क्योंकि वे प्रतिमाएँ ईश्वर का प्रतिनिधित्व करती हैं। आप भी प्रतिदिन अपने शरीर की इसी तरह पूजा कर सकते हैं। जब आप स्नान करें तो शरीर के साथ स्नेह से पेश आएँ। उसके लिए सम्मान और आभार प्रकट करें। जब आप भोजन करें तो कौर तोड़ कर मुँह में रखें और आँखें बंद कर उसका स्वाद लें। यह भोजन आपके शरीररूपी मंदिर के लिए भोग है और आप महसूस करेंगे कि इस शरीर के लिए आपका प्रेम दिन-प्रतिदिन बढ़ रहा है और फिर आप स्वयं को कभी अस्वीकृत नहीं कर सकेंगे।

ज़रा सोचें, जिस दिन आप अपने शरीर को सराहेंगे, तब आपको कैसा महसूस होगा। जब आप स्वयं को पूरी तरह से स्वीकार करेंगे तो अपने शरीर के बारे में भला महसूस करेंगे और आपका मन प्रसन्नता से झूम उठेगा। फिर आप किसी दूसरे से अपना संबंध रखेंगे, तो आप अपने साथ बुरा बर्ताव सहन नहीं कर सकेंगे। यही आत्म-प्रेम है। यह निजी महत्त्व की बात नहीं क्योंकि जब आप दूसरों के साथ भी उसी प्रेम, सम्मान, आदर और आभार से पेश आएँगे, जैसे आप अपने साथ आते हैं तो आपके संबंध में एक संपूर्णता का आभास होगा। मानो आप एक-दूसरे के भीतर बैठे ईश्वर का आदर कर रहे हों।

जब आप अपने और अपने शरीर के बीच संपूर्ण संबंध बनाने को ही अपना लक्ष्य बना लेते हैं, तो आप किसी भी दूसरे व्यक्ति के साथ संपूर्ण संबध बनाना सीख रहे हैं जिनमें आपकी माँ, आपके दोस्त, आपके प्रेमी/प्रेमिका, बच्चे और कुत्ता भी शामिल है। जब आप अपने और अपने शरीर के साथ संपूर्ण संबंध रखते हैं, तो उस एक क्षण में आपके बाहर आपका आधा संबंध भी पूरी तरह से पूर्ण होता है। तब आपको किसी बाहरी संबंध की सफलता पर निर्भर नहीं होना पड़ता।

जब आप अपने शरीर के साथ पूजा करते हैं, जब आप जानते हैं कि उसे अपनी श्रद्धा कैसे अर्पित करनी है और आप अपने प्रेमी के शरीर को छूते हैं तो आप उसे भी उसी श्रद्धा, प्रेम, सम्मान और आभार के साथ स्पर्श करते हैं। और जब आपका प्रेमी आपके शरीर को छूता है, तो वह उसके लिए पूरी तरह से मुक्त होता है; किसी तरह का भय या माँग नहीं होती - वह प्रेम से लबालब भरा होता है।

कल्पना करें कि जब आप अपने प्रेम को इस तरह बाँटते हैं तो कौन सी संभावनाएँ सामने आ सकती हैं। आपको किसी को छूने की भी आवश्यकता नहीं

है, किसी की आँखों में देखकर ही मन और आत्मा की माँगों को पूरा कर सकते हैं। शरीर पहले से संतुष्ट है क्योंकि इसके पास आपका प्यार है। आप कभी अकेले नहीं रहेंगे क्योंकि आप अपने ही प्रेम से भरे–पूरे हैं।

जब भी आप अपना चेहरा घुमाएँगे, तो आप दूसरे इसांनों के नहीं, अपने प्रेम से जगमग होंगे। आप किसी पेड़ को देख सकते हैं और उसकी ओर से आपको प्रेम का संदेश मिलेगा। आप आकाश को देख सकते हैं और वह आपको अपना प्यार देगा। आप हर जगह ईश्वर को देखेंगे, आपके लिए अब वह एक धारणा भर नहीं है। ईश्वर हर ओर है। जीवन हर ओर है।

सब कुछ प्रेम से बना है, जीवन से बना है। भय भी प्रेम का प्रतिबिंब है, परंतु भय मन में रहता है और मनुष्यों में भय मन को नियंत्रित करता है। फिर हम हर चीज़ की व्याख्या अपने मन के विश्वास के अनुसार करते हैं। अगर मन में भय होगा तो भय की व्याख्या होगी। अगर हम नाराज हैं तो उसकी व्याख्या गुस्से के अनुसार ही होगी। हमारे भाव फिल्टर की तरह काम करते हैं, जिससे हम शेष दुनिया को देख सकते हैं।

आप कह सकते हैं कि आँखें आपके देखे हुए दृश्यों को अभिव्यक्त करती हैं। आप अपनी आँखों के अनुसार, बाहरी सपने का बोध पाते हैं। जब आप गुस्से में होते हैं, तो आप दुनिया को गुस्से भरी नजरों से देखते हैं। यदि आपके मन में जलन होगी तो आप अलग तरह से पेश आएँगे क्योंकि आप दुनिया को उसी नज़रिए से देख रहे होंगे। जब आप गुस्से में होंगे, तो आपको हर चीज़ से खीझ होगी। अगर आप उदासी की आँखों से देखेंगे तो आपको हर चीज़ पर रोना आएगा। आपको बरसात होने पर, शोर होने पर और हर चीज़ के नाम पर रोना आएगा। बरसात तो बरसात है। आप न तो इसकी परख कर सकते हैं और न ही इसकी व्याख्या हो सकती है। पर आप इसे अपने भावात्मक शरीर के अनुसार देख रहे हैं। अगर आप उदास हैं तो आपकी उदासी से भरी दृष्टि बाकी सभी चीज़ों को भी उदास बना देगी।

पर अगर आपकी दृष्टि में प्रेम होगा तो आप जिधर भी होंगे, आपको प्रेम ही प्रेम दिखेगा। पेड़ प्रेम से बने हैं। पशु प्रेम से बने हैं। पानी प्रेम से बना है। जब आप प्रेम भरी दृष्टि से देखते हैं, तो आप दूसरे सपने देखनेवाले की इच्छा से संपर्क साध सकते हैं और इस तरह सपना एक हो जाएगा। जब आप प्रेम भरी दृष्टि से देखते हैं, तो पक्षी, प्रकृति, व्यक्ति और हर चीज़ से एकात्म हो सकते हैं। तब आप बाज की नज़रों से देखते हुए, किसी भी तरह के जीवन में बदल सकते हैं। जब आपका प्रेम

उस बाज से संपर्क करता है तो आप पंख बन सकते हैं, आप वर्षा बन सकते हैं या बादल बन सकते हैं। परंतु ऐसा करने के लिए आपके मन को भय से मुक्त कर, प्रेम भरी दृष्टि से देखना होगा। आपको अपनी संकल्प शक्ति को मज़बूत करना होगा, इसे इतना मज़बूत करना होगा कि यह दूसरे की संकल्प शक्ति से स्वयं को जोड़ सके। तब आपके पास उड़ने के लिए पंख होंगे। आप हवा बनकर कहीं भी आ-जा सकते हैं। आप बादलों को धकेल सकते हैं ताकि सूरज जगमगा उठे। यह प्रेम की शक्ति है।

जब हम अपने मन और शरीर की माँगों को पूरा करते हैं, तो हमारी आँखें प्रेम से देखती हैं। तब हम ईश्वर को देखते हैं। हम दूसरे लोगों के परजीवी के पीछे छिपे ईश्वर को भी देखते हैं।

हर इंसान के अंदर वही प्रॉमिस्ड लैंड है, जिसके लिए मूसा ने अपने लोगों को वचन दिया था। वही इंसान मन का क्षेत्र है परंतु ऐसा मन जो प्रेम से उर्वर हो क्योंकि केवल उसमें ही ईश्वर का वास हो सकता है। अगर आप दूसरे इंसानों के मन भी देखें, तो वह भी उर्वर है परंतु वह परजीवी के लिए है जिसमें जलन, गुस्से, बैर और भय के बीज अंकुरित होते हैं।

ईसाई परंपरा में, आपने सुना होगा कि गैबरियाल पुनरुद्धार का बिगुल बजाता है और सभी अपनी कब्रों से बाहर आ जाते हैं ताकि अनंत जीवन जी सकें। वह कब्र एक परजीवी है और पुनरुद्धार जीवन की वापसी है क्योंकि आप तभी जीवंत होते हैं जब आप आपकी आँखें जीवन को देख सकती हैं, जो जीवन है।

आप ऐसा संबंध रख सकते हैं, जो आपके स्वर्ग के सपने को पूरा करेगा; आप एक स्वर्ग रच सकते हैं परंतु इसका आरंभ भी आपको अपने आपसे ही करना होगा। अपने शरीर के लिए पूरी स्वीकृति के साथ आरंभ करें। फिर मन आपके शरीर को प्रेम करेगा और आपके प्रेम को दबाएगा नहीं। यह आप पर निर्भर करता है; यह किसी भी दूसरे व्यक्ति पर निर्भर नहीं करता। पर पहले, आपको यह सीखना होगा कि आपने अपने भावात्मक शरीर को आरोग्य कैसे देना है।

11

भावात्मक शरीर का उपचार

हम फिर से कल्पना करते हैं कि हमें कोई त्वचा रोग है, जिसके घावों में संक्रमण हो गया है। जब हम त्वचा का उपचार करना चाहते हैं और डॉक्टर के पास जाते हैं तो उसे हमारे उपचार के लिए घाव को खोलना पड़ता है। फिर वह उसे साफ करके, उस पर दवा लगाता है और घाव को तब तक साफ रखता है, जब तक वह पूरी तरह से ठीक नहीं होता और हमें पीड़ा होनी बंद नहीं होती।

भावात्मक शरीर को आरोग्य देने के लिए भी हम यही करने जा रहे हैं। हमें घावों को खोलकर उन्हें साफ करना होगा, दवा लगाकर तब तक साफ रखना होगा, जब तक उनमें दर्द होना बंद नहीं होता। हम घावों को खुला कैसे रख सकते हैं? हम घावों को खोलने के लिए सच का प्रयोग करेंगे। दो हज़ार वर्ष पूर्व, एक महान गुरु ने हमसे कहा था, 'तुम सच को जान लोगे और सच तुम्हें मुक्त कर देगा।'

यह सच उस छुरी की तरह है क्योंकि हमारे घावों को खोलना और उसके सारे झूठों को बाहर लाना पीड़ादायी होता है। हमारे भावात्मक शरीर के घाव अस्वीकृति तंत्र से ढके हैं। हमने उन घावों को छिपाने के लिए झूठों के तंत्र बना रखे हैं। जब हम अपने घावों को सत्य की दृष्टि से देखते हैं तो अंत में इन्हें आरोग्य देना सरल हो जाता है।

आप अपने साथ सत्य का प्रयोग करते हुए आरंभ कर सकते हैं। जब आप अपने साथ सच्चे होते हैं, तो आपको हर चीज़ असल में दिखने लगती है, वह उस रूप में नहीं होती, जैसे आप उसे देखना चाहते हैं। आइए, एक बलात्कार का उदाहरण लेते हैं :

मान लेते हैं कि किसी ने दस साल पहले आपके साथ बलप्रयोग किया था। और यह सच है कि आपके साथ बलप्रयोग हुआ। इस समय, अब यह सच नहीं रहा। यह एक सपना था और उस सपने में किसी ने आपके साथ हिंसक बर्ताव किया। आप ऐसा नहीं चाहते थे। फिर भी ऐसा आपके साथ हुआ और किसी के भी साथ हो सकता है। पर क्या उस बलात्कार के कारण आप खुद की निंदा करते रहेंगे और आजीवन अपनी यौनिकता के साथ कष्ट में रहेंगे? आप पीड़ित हैं और यदि आप अपनी परख करते हुए, खुद को ही दोषी मानते रहे तो यह उचित नहीं होगा। आप कितने बरसों तक स्वयं को दंडित करते रहेंगे और उस चीज़ का आनंद नहीं लेंगे, जिसे दुनिया की खूबसूरत चीज़ों में गिना जाता है। कई बार बलात्कार के कारण आप अपनी यौनिकता का आजीवन आनंद नहीं ले पाते। यह कैसा न्याय हुआ? आप बलात्कारी नहीं तो आपको आजीवन किसी ऐसे अपराध के लिए कष्ट क्यों भोगना पड़े जो आपने किया ही नहीं? आप दोषी नहीं हैं पर आपके मन में छिपा न्यायाधीश लगातार आपको शर्म और कष्ट के कठघरे में खड़ा रखता है।

बेशक, ऐसे अन्याय के कारण मन में मज़बूत भावात्मक विष आ सकता है, जिसका उपचार करने में कई बरस लग सकते हैं। सच तो यही है कि आपका बलात्कार हुआ परंतु आपको इस अनुभव से कष्ट पाने की आवश्यकता नहीं है। यह एक चुनाव है।

इस जगह आपको सच को छुरी की तरह प्रयोग में लाना है: आपके साथ हुए अन्याय से ऐसा घाव हुआ जो अब सच नहीं है, इस क्षण का सच नहीं है। आपने देखा कि आपकी वह ठेस आज तक बनी हुई है। यह तब एक सच थी और यह आवश्यक नहीं कि आज भी उतना ही सच हो। इस सच के साथ आप घाव को खोलकर एक नए नज़रिए से देख सकते हैं।

इस संसार में सच प्रासंगिक है, यह हमेशा बदल रहा है क्योंकि हम भ्रम और माया से भरे संसार में रहते हैं। आज जो सच है, शायद वह कल बदल जाए। फिर यह दोबारा सच हो सकता है। नर्क का सच भी एक अवधारणा हो सकता है, एक और झूठ जिसे आपके खिलाफ प्रयुक्त कर सकते हैं। हमारा अपनी अस्वीकृति तंत्र ही इतना मज़बूत और शक्तिशाली है कि यह बहुत ही जटिल हो जाता है। सच झूठ को ढक रहे है और झूठों ने सच को ढक रखा है। जिस तरह प्याज की परतें उतारते हैं उसी तरह आप अंत में सारी परतें हटाने के बाद आँखें खोलकर देखेंगे तो पाएँगे कि आपके सहित, आपके आसपास हर कोई हमेशा झूठ बोल रहा है।

इस संसार की माया में लगभग हर चीज़ झूठ है। तभी मैं अपने शिष्यों से कहता हूँ कि वे सच को जानने के लिए तीन नियमों का प्रयोग करें। **पहला नियम : मेरी बात का विश्वास न करें।** आपको मुझ पर भरोसा नहीं करना, स्वयं सोचें और अपने चुनाव करें। मैंने जो कहा, उस पर विचार करके, तभी विश्वास करें जब वह आपको उचित लगे और आपको प्रसन्न कर सके। यदि यह आपको सजगता की ओर ले जाता है तो उसे विश्वास करने के लिए चुनें। मैं अपनी बात के लिए जवाबदेह हूँ पर इस बात की जवाबदेही नहीं रखता कि आपको क्या समझ आया। हम पूरी तरह से अलग सपने में जीते हैं। मैं जो कहता हूँ, वह भले ही मेरे लिए पूरा सच है पर ज़रूरी नहीं कि आपका सच भी वही होगा। पहला नियम बहुत आसान है : मेरा विश्वास मत करो।

दूसरा नियम और कठिन है : अपने पर विश्वास मत करो। उन सभी झूठों पर विश्वास मत करो, जो आपने खुद से कहे हैं। वे सभी झूठ, आपने उन्हें विश्वास के लिए चुना था पर वे आपके प्रोग्राम का हिस्सा थे। जब आप स्वयं से कहें कि आप किसी लायक नहीं, आप ताकतवर नहीं, आप समझदार नहीं; तब अपने पर विश्वास न करें। यह विश्वास न करें कि आप सीमाओं और बंधनों के बीच हैं। यह विश्वास न करें कि आप भरोसे और प्यार के लायक नहीं। यह विश्वास न करें कि आप सुंदर नहीं। यह विश्वास न करें कि आप अपने कष्टों का कारण हैं। अपने ही तमाशे में विश्वास न रखें। खुद को पीड़ित बनाकर अपनी ही परख न करें। अपने भीतर से उठनेवाले उस स्वर पर भरोसा न करें, जो आपको कहता है कि आप मूर्ख हैं, जो आपको कहता है कि आपको अपने प्राण ले लेने चाहिए। अपने कान खोलें, अपना दिल खोलें और सुनें। जब आपका दिल आपको प्रसन्नता की ओर ले जा रहा हो तो चुनाव करें और उसके साथ चलें। पर आपने कोई बात कही है, केवल इसलिए ही उसे सच न मानें, उस पर भरोसा न करें। आपके अस्सी प्रतिशत विश्वास झूठों पर टिके हैं। तो दूसरा नियम कहता है कि अपने पर भी भरोसा न करें।

तीसर नियम कहता है : किसी और पर भी भरोसा न करें। दूसरे लोगों पर भरोसा न करें क्योंकि वे हमेशा झूठ बोल रहे हैं। जब आपके भावात्मक घाव नहीं होंगे, तो आपको केवल स्वीकृति पाने के लिए दूसरों पर भरोसा करने की ज़रूरत नहीं होगी, आप हर चीज़ को और स्पष्टता से देख सकेंगे। आप देख सकेंगे कि वह काला है या सफेद, वह ऐसा है या वैसा। जो अभी सही है, हो सकता है कि कुछ क्षण बाद वही गलत हो जाए। सब कुछ तेज़ी से बदल रहा है, पर अगर आप सजग होंगे, तो आप उस परिवर्तन को देख सकते हैं। दूसरों पर भरोसा न करें क्योंकि वे अपनी मूर्खता से

आपको अपने हाथों का खिलौना बना सकते हैं। कोई भी यह कहे कि वह दुनिया को बचाने आया है, उस पर भरोसा न करें।

हमें ऐसा कोई नहीं चाहिए जो आकर इस दुनिया को बचा ले। संसार को बाहरी लोगों की ज़रूरत नहीं है। यह संसार जीवंत है; यह एक जीता-जागता संसार है, जो हम सबसे कहीं अधिक समझदार है। यदि हमें लगता है कि इसे बचाने की आवश्यकता है, तो जल्दी ही कोई आकर कहेगा, 'ठीक है, एक धूमकेतु आ रहा है, हमें अपने ग्रह को बचाना है। खुद को मार दो और सब ठीक हो जाएगा! तुम उस पर सवार होकर स्वर्ग तक जा सकते हो।' ऐसी पौराणिक बातों पर भरोसा न करें। आप अपने लिए स्वर्ग का सपना स्वयं रचते हैं, कोई दूसरा इसे आपके लिए नहीं रच सकता। केवल आपकी सामान्य बुद्धि ही आपको आपकी प्रसन्नता की ओर ले जाएगी। आपकी अपनी रचना की ओर! तीसरा नियम कठिन है क्योंकि हमें दूसरों पर भरोसा करना पसंद है। उन पर भरोसा न करें!

मुझ पर भरोसा न करें, अपने पर भरोसा न करें और उन पर भी भरोसा न करें। जब आप भरोसा नहीं करेंगे तो सारा झूठ, इस माया के संसार में धुएँ की तरह अलोप हो जाएगा। हर चीज़ उस रूप में दिखेगी, जैसी वह है। आपको उसे सच्चा साबित करने के लिए सफाई नहीं देनी होगी; उसका स्पष्टीकरण नहीं करना होगा। जो भी सच है, उसे कोई और सहारा नहीं चाहिए। आपके झूठों को आपका सहारा चाहिए। आपको पहले झूठ को छिपाने के लिए दूसरा झूठ बोलना होगा और फिर एक के बाद एक सिलसिला जारी रहेगा। आपने झूठों का बड़ा अंबार लगा दिया है और जब सच सामने आएगा तो इस अंबार को नीचे गिरते देर नहीं लगेगी। जो है, सो है। आपको इस बारे में शर्मिंदा होने की ज़रूरत नहीं है कि आप अभी तक झूठ बोल रहे थे।

हमारे अधिकतर झूठ बिखर जाते हैं, बस हमें उन पर विश्वास करना बंद करना होगा। जो भी सच नहीं, वह संदेह से बच नहीं सकता पर जो सच है, उसका कोई कुछ नहीं बिगाड़ सकता। जो सच है, सो सच है; आप मानें या न मानें। आपका शरीर अणुओं के मेल से बना है। जो सच है, सो सच है; आप मानें या न मानें। यह ब्रह्माण्ड तारों से बना है। जो सच है, सो सच है; आप मानें या न मानें। जो भी सच है, केवल वही बचेगा और इसमें वे धारणाएँ भी शामिल हैं, जो आपने अपने बारे में बना रखी हैं।

हमने कहा कि जब हम छोटे थे तो हमें यह चुनने का अवसर नहीं मिला कि

किस पर विश्वास करें और किस पर विश्वास न करें। अब अलग बात है। अब हम बडे हो गए हैं, हमारे पास चुनाव करने की ताकत है। हम चाहें तो विश्वास करें और न चाहें तो न करें। अगर कुछ सच न हो तो भी हम उस पर भरोसा करने की सोच सकते हैं। हम इस पर भरोसा कर सकते हैं क्योंकि हम ऐसा करना चाहते हैं। आप चुन सकते हैं कि आप अपना जीवन किस तरह जीना चाहते हैं। और अगर आप अपने साथ ईमानदार रहे तो आप जान लेंगे कि आप सदा नए चुनाव करने के लिए मुक्त होते हैं।

जब हम अपनी आँखों से सत्य को देखने के लिए तैयार होते हैं, तो हम कुछ झूठों से पर्दा हटाने और घावों को खोलने के लिए तैयार होते हैं। फिर भी उन घावों के अंदर विष होता है।

***

जब हम घावों को खोलते हैं तो हमें उनकी सफाई करके, सारा विष निकालना होता है। हम यह कैसे कर सकते हैं? उसी मास्टर ने हमें आज से दो हज़ार वर्ष पूर्व इसका भी समाधान दिया था : क्षमा। केवल क्षमा ही सारे घावों से विष को बाहर कर सकती है।

आपको उन्हें क्षमा कर देना चाहिए, जो आपके दिल को ठेस पहुँचाते हैं। भले ही उन्होंने कुछ ऐसा किया हो जो आपकी दृष्टि में क्षमा के योग्य न हो। आप उन्हें इसलिए क्षमा नहीं करेंगे कि वे क्षमा पाने के अधिकारी हैं, आप उन्हें क्षमा करेंगे क्योंकि आप हर बार उनकी करनी को याद करके अपना दिल नहीं दुखाना चाहते। इससे कोई अंतर नहीं पड़ता कि उन्होंने आपके साथ क्या किया, आप उन्हें क्षमा करने जा रहे हैं क्योंकि आप हमेशा बुरा महसूस नहीं करना चाहते। आप अपने मानसिक आरोग्य के लिए उन्हें क्षमा कर रहे हैं। आप उन्हें क्षमा कर देंगे क्योंकि आप अपने लिए करुणा महसूस करते हैं। क्षमा करना, आत्म-प्रेम का ही एक संकेत है।

आइए एक तलाकशुदा युवती का उदाहरण लें। कल्पना करें कि आपके विवाह को दस वर्ष हुए और कारण चाहे जो भी हो, किसी बड़ी नाइंसाफी पर आपके और पति के बीच लड़ाई हो गई। आपने तलाक ले लिया और आपको अपने भूतपूर्व पति से घृणा है। उसका नाम सुनते ही आपके पेट में तेज़ दर्द होता है और जी मिचलाने लगता है। यह भावात्मक विष इतना तेज़ है कि आप सहन नहीं कर पातीं। आपको मदद चाहिए इसलिए आप चिकित्सक के पास जाकर कहती हैं, 'मुझे बहुत कष्ट हो

रहा है। मैं गुस्से, जलन और बैर की भावना से मरी जा रही हूँ। उसने जो भी किया, उसे क्षमा नहीं किया जा सकता। मुझे उस आदमी से नफरत है।'

चिकित्सक आपको देखकर कहता है, आपको इन भावों से मुक्त होना होगा। आपको अपने गुस्से को प्रकट करना होगा। एक बड़ा सा तकिया लें, उस पर घूँसे बरसाते हुए अपना गुस्सा उतार दें। चीख-चिल्लाकर मन की सारी भड़ास निकाल दें। यही काम आएगा। आप अपने चिकित्सक को सौ डॉलर देकर उसे धन्यवाद देती हैं और बताती हैं कि उसकी बात सुनने से आपको राहत मिल रही है। आपके चेहरे पर एक बड़ी मुस्कान है।

आप उस ऑफिस से बाहर निकलती हैं तो आपका सामना किससे होता है? जी, सही पहचाना। आपका भूतपूर्व पति शहर में किसी काम से आया है। उसे देखते ही आपका गुस्सा और भी भयंकर रूप में बाहर आ जाता है। आप फिर से चिकित्सक के पास जाकर मन की भड़ास निकालती हैं, शांत होती हैं और फीस चुकाकर वापस आ जाती हैं। इस तरह अपने भावों को निकालना कोई स्थायी हल नहीं है। भले ही थोड़ा विष निकलने से कुछ देर आराम आता हो पर इससे घाव को आरोग्य नहीं मिलता।

आपके घाव को केवल क्षमा के माध्यम से ही भरा जा सकता है। आपको अपने भूतपूर्व पति के अन्याय को क्षमा करना होगा। जब उसे देखने के बाद भी आपके मन में कोई भाव न आए तो जान लें कि आपने उसे क्षमा कर दिया है। आप उसका नाम सुनकर भी कोई भावात्मक प्रतिक्रिया नहीं देंगी। तब आप सही मायनों में जान लेंगी कि आपने किसी को माफ कर दिया है। जब किसी घाव को छूने से दिल न दुखे तो जान लें कि आपने सही मायनों में क्षमा कर दिया। बेशक, घाव का निशान तो रहेगा, जैसे वह आपकी त्वचा पर रहता है। जो भी हुआ, मन में उसकी याद भी रहेगी पर घाव के भरने के बाद वह आपकी पीड़ा का कारण नहीं होगा।

शायद आप सोच सकते हैं, 'यह कहना ही आसान है। मैंने ऐसा करना चाहा पर कर नहीं सका।'

आपके पास अपनी बात को जायज़ ठहराने के बहुत सारे कारण हो सकते हैं। पर यह सच नहीं है। सच यही है कि आप क्षमा नहीं कर सकते क्योंकि आपने क्षमा न करना सीखा है क्योंकि आपने क्षमा न करने का अभ्यास किया है क्योंकि आपने क्षमा करने की कला को नहीं साधा।

एक समय था, जब बचपन में क्षमाशीलता हमारा सहज स्वभाव थी। इस मानसिक रोग का हिस्सा बनने से पहले, हम बड़ी आसानी से दूसरों को क्षमा कर देते थे। अगर आप दो बच्चों को खेलते हुए देखें, वे आपस में लड़ाई करने पर अपनी माँ के पास जाकर दूसरे बच्चे की शिकायत करते हैं। माँ दूसरे बच्चे की माँ के पास जाती है और उनके बीच भारी तू-तू-मैं-मैं होने लगती है। इधर कुछ ही देर बाद, वे दोनों बच्चे फिर से एक साथ इस तरह खेलने लगते हैं मानो कुछ हुआ ही न हो और वे माएँ आजीवन एक-दूसरे के लिए मन में घृणा पाल लेती हैं।

ऐसा नहीं कि हमें क्षमाशीलता को सीखना होगा, यह तो हमारा सहज स्वभाव है, हम इसी क्षमता के साथ जन्मे हैं। पर फिर क्या हुआ? दरअसल हमने विपरीत व्यवहार सीख लिया और उसका अभ्यास करने लगे। यही वजह है कि अब हमारे लिए किसी को क्षमा करना कठिन हो गया है। अगर कोई हमारे साथ कुछ बुरा करता है तो हम उसे सदा के लिए अपने जीवन से बाहर कर देते हैं। यह हमारे बीच अहं का प्रश्न हो जाता है। क्यों? क्योंकि जब हम क्षमा नहीं करते तो हमारा अहं ज्यादा महत्त्वपूर्ण हो जाता है। जब हम यह कह सकते हैं, 'उसने जो किया, मैं क्षमा नहीं कर सकता। उसने जो किया, वह क्षमा के योग्य नहीं।' तब आपकी राय आपके लिए और भी अहं हो जाती है।

असली समस्या तो आपका अहं है। हम इसी अहं और प्रतिष्ठा के कारण उस अन्याय की अग्नि में ईंधन डालते हुए, स्वयं को याद दिलाते रहते हैं कि हम उसे क्षमा नहीं कर सकते। ज़रा सोचें कि इसके कारण किसे कष्ट होगा और किसके घावों में भावात्मक विष की मात्रा अधिक होगी। हम अपने आसपास के लोगों के कारण कई तरह के कष्ट पाते हैं, चाहे उनका हमसे कोई लेन-देन भी न हो।

हम कष्ट पाना भी सीखते हैं ताकि हमसे बुरा बर्ताव पानेवाले को दंड दे सकें। हम किसी छोटे बच्चे की तरह पेश आते हैं, जो केवल ध्यान पाने के लिए हल्ला मचा रहा है। मैं अपने-आपको पीड़ा दे रहा हूँ ताकि यह कह सकूँ, 'देखो, तुम्हारी वजह से यह हो रहा है।' यह एक बड़ा मज़ाक है पर सच में ऐसा ही होता है। हम यही करते हैं। जबकि हम कहना चाहते हैं कि ईश्वर हमें क्षमा करे। पर हम तब तक एक भी शब्द नहीं कहेंगे, जब तक ईश्वर हमारे पास आकर माफी के लिए नहीं कहता। कई बार तो हमें यह भी पता नहीं होता कि हम अपने माता-पिता, दोस्तों या साथी से किस बात पर नाराज़ हैं। हम नाराज़ हैं और किसी कारण से दूसरा व्यक्ति हमसे क्षमा चाहता है, तो हम उसी समय रोते हुए कहते हैं, 'अरे नहीं,

तुम मुझे माफ करो।'

जाकर उस बच्चे को खोजें जो एक कोने में बैठा यह कारस्तानी कर रहा है। अपने अहं को कचरे के डिब्बे में डाल दें। आपको इसकी ज़रूरत नहीं। अपने अहं को छोड़कर क्षमा माँगें। दूसरों को क्षमा करें और देखें कि आपके जीवन में कैसे चमत्कार घटने लगेंगे।

सबसे पहले, आपको उन सबकी सूची बनानी चाहिए, जिनसे आपको क्षमायाचना करनी है। फिर उनसे क्षमा चाहें। अगर आपको हर किसी को कॉल करने का समय न हो तो आप अपनी प्रार्थनाओं और सपनों के माध्यम से उनसे क्षमा चाह सकते हैं। दूसरे, ऐसे लोगों की सूची तैयार करें, जिन्होंने आपका दिल दुखाया, आपको उन्हें क्षमा करना होगा। अपने माता-पिता, भाई-बहन, अपने बच्चों, अपने साथी, दोस्तों, प्रेमी/प्रेमिका, कुत्ते, बिल्ली, सरकार और ईश्वर से शुरुआत करें।

अब आप दूसरों को क्षमा करने जा रहे हैं क्योंकि आप जानते हैं कि उन्होंने आपके साथ जो भी किया, उसका आपसे कोई लेन-देन नहीं था। हर कोई अपना ही सपना देखता है, आपको याद है न? जिन शब्दों और कामों से आपका दिल दुखा, वे उस व्यक्ति के मन में बसे राक्षसों की प्रतिक्रिया थी और आप उसके सपने में एक गौण पात्र हैं। किसी ने भी आपके नाम पर कुछ नहीं किया। जब आपके पास यह सजगता होगी, तो आप किसी भी चीज़ को अपने पर नहीं लेंगे। करुणा और आपसी समझ ही आपको क्षमा की ओर ले जाएँगे।

क्षमा पर काम करना चालू करें: क्षमा करने का अभ्यास आरंभ करें। यह पहले कठिन होगा, पर फिर यह एक आदत बन जाएगी। क्षमा करने का एक ही तरीका है, आप लगातार अभ्यास करते रहें। अंत में आप देखेंगे कि अब आप स्वयं को भी क्षमा कर सकते हैं। एक निश्चित बिंदु पर आकर आपको एहसास होता है कि आपको अपने उन सभी घावों और भावात्मक विष के लिए स्वयं को क्षमा कर देना चाहिए, जो आपने अपने सपने में रचा। जब आप स्वयं को क्षमा करते हैं तो आत्म-स्वीकृति मिलने के बाद अपने लिए प्रेम भी बढ़ता है। यह सबसे बड़ी और श्रेष्ठ क्षमा है - जब आप अंतत: स्वयं को क्षमा कर देते हैं।

आपने पूरे जीवन में जो भी किया हो, हिम्मत करें और खुद को क्षमा कर दें। और अगर आपको पिछले जन्मों में विश्वास हो तो स्वयं को पिछले जन्मों की भूलों के लिए भी क्षमा करें। कर्म का विश्वास तभी सच्चा है जब हम इस पर भरोसा करते हैं कि यह सच है। अच्छे और बुरे के बारे में हमारे विश्वास के कारण, हमें

अपने बुरे विश्वास के कारण शर्मिंदगी होती है। हमें लगता है कि हमने बुरा किया है इसलिए हमें दंड मिलना चाहिए और हम खुद को दंडित करते हैं। हमें लगता है कि हमें अपने बुरे कर्मों को मिटाना होगा पर आपने उस पर भरोसा किया था। यह आपका विश्वास था इसलिए वह आपके लिए असली था। आपने अपने कर्म रचे और अब आपको उनकी कीमत अदा करनी होगी। आप इतने ताकतवर हैं। पुराने कर्मों को तोड़ना सरल है। आप उस विश्वास पर भरोसा करना बंद कर दें और कर्म समाप्त हो जाएगा। आपको कष्ट उठाने की ज़रूरत नहीं है, आपको कुछ चुकाने की ज़रूरत नहीं है; यह समाप्त हो गया है। यदि आप स्वयं को क्षमा करते हैं तो वह कर्म भी समाप्त हो जाएगा। इसके बाद आप नए सिरे से आरंभ कर सकते हैं। तब जीवन सरल होगा क्योंकि क्षमा के माध्यम से ही भावात्मक घावों को साफ किया जा सकता है। क्षमा ही आरोग्य का एकमात्र माध्यम है।

***

जब हम एक बार घावों को साफ कर लें, तो हम आरोग्य को तेज़ी से पूरा करने के लिए एक शक्तिशाली दवा का प्रयोग करेंगे। यह दवा भी उसी महान मास्टर की देन है: यह प्रेम है। यह प्रेम ही वह दवा है, जो आपके आरोग्य को गति प्रदान करती है। बेशर्त प्रेम के सिवा कोई और दवा नहीं हो सकती। इस प्रेम में कोई किंतु-परंतु नहीं होता। कोई सफाई नहीं दी जाती। केवल प्रेम होता है। स्वयं से प्रेम करें, अपने पड़ोसी से प्रेम करें और अपने दुश्मनों से प्रेम करें। यह एक सीधी और सरल सी बात है पर हम तब तक दूसरों से प्रेम नहीं कर सकते, जब तक हमें स्वयं से प्रेम न हो। यह वजह है कि हम आत्म-प्रेम से आरंभ करते हैं।

आप सैंकड़ों तरीकों से अपनी प्रसन्नता प्रकट कर सकते हैं परंतु वास्तव में प्रसन्न होने का एक ही उपाय है, प्रेम! इसके अतिरिक्त कोई और उपाय नहीं है। अगर आप स्वयं से प्रेम नहीं करते तो आप प्रसन्न नहीं हो सकते। यह एक सच है। अगर आप स्वयं से प्रेम नहीं करते तो आपको प्रसन्न होने का अवसर नहीं मिल सकता। आपके पास जो है ही नहीं, उसे दूसरों में कैसे बाँट सकते हैं। खुद से प्रेम नहीं तो दूसरों से प्रेम कैसे करेंगे? पर अगर आपके अंदर प्रेम को पाने की ज़रूरत होगी और कोई ऐसा जिसे आपकी ज़रूरत हो, तो इंसानों की भाषा में इसे प्रेम कहते हैं। यह प्रेम नहीं है। यह स्वामित्व का भाव है, यह स्वार्थ है, यह नियंत्रण का भाव है जिसमें परस्पर आदर भाव नहीं होता। अपने आपसे झूठ न कहें; यह प्रेम नहीं है।

आपके भीतर से आनेवाला प्रेम ही प्रसन्न रहने का एकमात्र उपाय है। अपने

आपसे बेशर्त प्यार करें। अपने आपको प्रेम के लिए पूरी तरह से समर्पित कर दें। अब आप जीवन का विरोध नहीं करेंगे। अपने आपको नहीं नकारेंगे। आप शर्मिंदगी और लज्जा का बोझ लेकर नहीं चलेंगे। आप जो हैं, उसे स्वीकार करेंगे और बाकी लोग भी जैसे हैं, उन्हें उसी रूप में स्वीकारेंगे। आपको प्यार करने, मुस्कुराने, प्रसन्न रहने, अपना प्यार बाँटने और उसे पाने से न डरने का पूरा अधिकार है।

***

यही आरोग्य है। ये तीन बिंदु : सच, क्षमा और आत्म-प्रेम। इन तीनों के साथ, सारे संसार का आरोग्य होगा और यह एक मानसिक रोगियों का अस्पताल नहीं रहेगा।

मन को आरोग्य देने की ये तीन कुंजियाँ, हमें ईसा ने दीं परंतु केवल उन्होंने ही हमें आरोग्य करना नहीं सिखाया। बुद्ध ने भी यही किया; कृष्ण ने भी यही किया। कई दूसरे मास्टर भी इसी नतीजे पर आए और हमें अपनी शिक्षाएँ दीं। सारी दुनिया में, जापान से मेक्सिको, पेरु से मिस्र और मिस्र से ग्रीक तक; अनेक मनुष्यों ने आरोग्य पाया। उन्होंने देखा कि यह रोग मनुष्य के मन में बसा था और उन्होंने इसका उपचार सत्य, क्षमा और आत्म-प्रेम से किया। यदि हम अपनी रोगी मानसिक अवस्था को देख सकें, तो हमें उपचार का भी पता चलता है। हमें अब और कष्ट नहीं उठाना, अगर हम सजग हैं कि हमारा मन रोगी है, हमारा भावात्मक शरीर घायल है तो हम इसे आरोग्य भी प्रदान कर सकते हैं।

ज़रा कल्पना करें, अगर सभी इंसान अपने साथ सच्चा बर्ताव करने लगें, हर किसी को क्षमा करने लगें, सबको प्रेम करने लगें। यदि सभी इस तरह प्रेम करेंगे तो कोई स्वार्थी नहीं होगा, सभी लेन-देन के लिए मुक्त होंगे और वे एक-दूसरे को नहीं परखेंगे। कोई किसी के पीठ पीछे बातें नहीं करेगा और भावात्मक विष समाप्त हो जाएगा।

अब हम एक बिलकुल ही अलग ग्रह के सपने की बात कर रहे हैं। यह धरती ग्रह की तरह नहीं दिखता। इसे जीसस ने 'धरती पर स्वर्ग' का नाम दिया है। बुद्ध ने इसे 'निर्वाण' कहा और मूसा ने इसे 'प्रॉमिस्ड लैंड' का नाम दिया। यह ऐसी जगह है, जिसमें हम सभी प्रेम से रह सकते हैं क्योंकि हमारा पूरा ध्यान प्रेम पर होता है। हम प्रेम करने का चुनाव करते हैं।

आप इस नए सपने को जो भी नाम दें, यह फिर भी, नर्क के सपने की तरह ही

सच्चा-झूठा है और एक सपना ही है। पर अब आप चुनाव कर सकते हैं कि आप किस सपने में जीना चाहते हैं। अब आपके पास अपने आरोग्य के साधन हैं। सवाल यह पैदा होता है : आप उनके साथ क्या करने जा रहे हैं?

12

आपके भीतर बसा ईश्वर

आप ही वह शक्ति हैं, जो आपके मन से खेलती है और आपके शरीर को अपना मनपसंद खिलौना बनाकर आनंद उठाती है। यही कारण है कि आप इस जगह हैं : आप केवल आनंद लेने और मौज-मस्ती करने आए हैं। हम प्रसन्न होने के अधिकार के साथ पैदा हुए हैं, हमें जीवन का आनंद लेने का पूरा अधिकार है। हम इस जगह कष्ट उठाने नहीं आए। जो भी कष्ट का स्वागत करना चाहे, वह ऐसा कर सकता है परंतु हम ऐसा नहीं चाहते।

तो हम कष्ट क्यों उठाते हैं? क्योंकि सारा संसार कष्ट में है और हम भी यही मान लेते हैं कि कष्ट सामान्य है। फिर हम ऐसे विश्वास तंत्र बना लेते हैं, जो इस 'सच' को अपना सहारा देता है। हमारे धर्म कहते हैं कि हम सभी इस दुनिया में कष्ट पाने आए हैं और यह जीवन आँसुओं की घाटी है। आज कष्ट सहो, धीरज रखो और जब तुम्हारी मौत होगी तो तुम्हें पुरस्कार मिलेगा। सुनने में अच्छा लगता है, पर यह सच नहीं है।

हम कष्ट का चुनाव करते हैं क्योंकि हमने ऐसा करना सीखा है। अगर हम लगातार ऐसे चुनाव करते रहे तो हम लगातार कष्ट उठाते रहेंगे। ग्रह का सपना अपने साथ मानवता की कहानी, मनुष्यों का विकास लाता है और यह कष्ट मनुष्य के विकास का नतीजा है। मनुष्य कष्ट उठाता है क्योंकि हम जानते हैं। हम जानते हैं कि हम क्या विश्वास रखते हैं, हम वे सारे झूठ जानते हैं। जब हम उन सभी झूठों की भरपाई नहीं कर पाते, तो हमें कष्ट उठाना पड़ता है।

यह सच नहीं कि आप मरने के बाद स्वर्ग या नर्क जाते हैं। आप स्वर्ग में रहते

हैं या फिर नर्क में रहते हैं, परंतु यह अभी और केवल अभी होता है। स्वर्ग और नर्क आपके मन का स्तर है। अगर हम अभी कष्ट में हैं तो मौत के बाद भी कष्ट में ही होंगे क्योंकि शरीर के साथ मन की मौत नहीं होती। सपना जारी रहता है और जब हमारा सपना नर्क है, तो हम नर्क में ही रह जाते हैं। करने और सोने में केवल यही अंतर है कि जब हम सोते हैं तो हम जाग सकते हैं क्योंकि हमारे पास मन है। जब हम मारे जाते हैं तो जाग नहीं सकते पर हमारा सपना जीवित रहता है।

स्वर्ग और नर्क अभी और यहीं है। आपको उसके लिए मरने की प्रतीक्षा करने की ज़रूरत नहीं है। अगर आप अपने जीवन का दायित्व लेते हैं, अपने कामों का दायित्व लेते हैं तो आपका आनेवाला कल आपके हाथों में है और आप अपने शरीर के जीवित रहते ही स्वर्ग में जी सकते हैं।

अधिकतर मनुष्यों ने इस धरती पर नर्क का सपना रचा। यह अच्छा-बुरा, सही या गलत नहीं है और इसके लिए किसी को दोषी नहीं ठहरा सकते। क्या हम अपने माता-पिता को दोष दे सकते हैं? उन्होंने बचपन में आपके लिए यथासंभव अच्छा ही किया। उनके अपने माता-पिता ने भी उनके लालन-पालन में अपनी ओर से कोई कमी नहीं रखी। अगर आपके बच्चे होते तो आप भी उनके लिए ऐसा ही करते। आप खुद को दोष कैसे दे सकते हैं? सजग होने का यह मतलब नहीं कि आपको किसी को दोषी ठहराना है या फिर अपने किए काम की ग्लानि का बोझ ढोना है। हम किसी ऐसे मानसिक रोग का दोष कैसे उठा सकते हैं, जो गंभीर रूप से संक्रामक है?

आप जानते हैं, जिस भी चीज़ का अस्तित्व है, वह अपने आपमें संपूर्ण है। आप जैसे हैं, वैसे ही कमाल हैं। यही सच है। आप एक मास्टर हैं। भले ही आपने गुस्से और जलन को अनुभव किया है, पर आपके लिए वे भी कमाल हैं। भले ही आपके जीवन में भारी तमाशा हो रहा हो, यह भी संपूर्ण और सुंदर है। आप गोन विंद द विंड जैसी मूवी देखने जा सकते हैं और सारी मूवी देखने के दौरान रो सकते हैं। किसने कहा कि नर्क सुंदर नहीं होता? यह आपको प्रेरित कर सकता है। भले ही आप अपने जीवन में नर्क का सपना देखते हैं पर आप जो हैं, बस वही बहुत है।

ज्ञान हमें यह यकीन दिलाता है कि हम संपूर्ण नहीं हैं। ज्ञान उस सपने के विवरण से अधिक नहीं है। सपना असली नहीं है इसलिए उसका ज्ञान भी असली नहीं है। ज्ञान जिस जगह से भी आता है, यह बोध के एक बिंदु से ही असली है। अगर आप बोध को बदल देंगे तो यह असली नहीं रहेगा। हम अपने ज्ञान के माध्यम

से खुद को नहीं पा सकते। कुल मिलाकर हम क्या खोज रहे हैं – हम खोज रहे हैं कि खुद को पा सकें; जो हैं, वही बन सकें और हमें परजीवी का जीवन न जीना पड़े – वह जीवन जिसे जीने के लिए हमें प्रोग्राम किया गया।

हमें हमारी ओर ज्ञान नहीं, विवेक ले जाता है। हमें ज्ञान और विवेक में अंतर करना होगा क्योंकि वे एक नहीं हैं। आप एक-दूसरे के साथ बात करते हुए, कुछ बातों पर सहमति के लिए ज्ञान का प्रयोग कर सकते हैं। ज्ञान ही वह साधन है जिसके माध्यम से हम आपस में संप्रेषण करते हैं क्योंकि मनुष्य दिल से दिल की बात करना नहीं जानते। यह बात अहम है कि हम अपने ज्ञान का कैसे प्रयोग करते हैं क्योंकि हम अपने ज्ञान के गुलाम हो जाते हैं और तब हम आज़ाद नहीं रहते।

विवेक का संबंध ज्ञान से नहीं है; इसका संबंध स्वतंत्रता से है। जब आप विवेकवान होते हैं तो अपनी बुद्धि के अनुसार अपना जीवन चला सकते हैं। एक स्वस्थ मन परजीवी से आज़ाद होता है। यह उसी तरह आज़ाद रहता है जैसे पालूत या सभ्य बनाए जाने से पहले था। जब आप मन को आरोग्य देते हैं, जब आप सपने को तोड़ते हैं तो आप विवेक को अपना लेते हैं। आप कई बार एक बच्चे की तरह जान पड़ते हैं, केवल एक ही अंतर रह जाता है: बच्चा मासूम होता है इसलिए वह पीड़ा और अप्रसन्नता से घिर सकता है। जो सपने को पार कर लेता है, वह विवेकवान है, यही वजह है कि अब उसका और पतन नहीं होगा क्योंकि अब उसे पता है – उसके पास सपने का ज्ञान है।

आपको विवेकी बनने के लिए ज्ञान का संग्रह करने की आवश्यकता नहीं है। कोई भी विवेकवान बन सकता है। जब आप विवेकी होते हैं तो जीवन सरल हो जाता है क्योंकि आप वह बन जाते हैं, जो आप वास्तव में हैं। आप जो नहीं हैं, वह बनना कठिन होता है। आपको खुद को और दूसरों को अपने झूठे रूप का यकीन दिलाना पड़ता है। इस तरह आपकी ऊर्जा नष्ट होती है। आप जो हैं, उसके लिए आपको कोई प्रयास नहीं करना होता।

जब आप विवेकवान होते हैं, तो आपको अपनी बनाई छवियों का प्रयोग नहीं करना पड़ता, आपको कुछ और बनने का दिखावा नहीं करना होता। आप जैसे हैं, स्वयं को उसी रूप में स्वीकार करते हैं। और अपनी पूर्ण स्वीकृति के साथ आप बाकी सबको भी उसी रूप में स्वीकार कर लेते हैं, जैसे वे हैं। अब आप लोगों को बदलने या अपना नज़रिया उन पर थोपने की कोशिश नहीं करते। आप दूसरे लोगों के विश्वासों की कद्र करते हैं। आप अपने शरीर और मानवता को अपने शरीर के

सहज स्वभाव की तरह ग्रहण करते हैं। एक पशु होने में कोई बुराई नहीं है और हम भी पशु हैं। पशु अपनी सहज प्रवृत्ति के अनुसार ही जीते हैं। हम इंसान हैं और बुद्धि रखते हैं इसलिए हमने अपनी सहज प्रवृत्ति को दबाना सीख लिया; हम दिल से निकलनेवाली बात को सुनना ही नहीं चाहते। यही वजह है कि हम अपने शरीर के खिलाफ जाकर शरीर की माँग को दबाते हैं या उसके अस्तित्व को ही मानने से इंकार कर देते हैं। यह अच्छी बात नहीं है।

जब आप विवेक को अपना लेंगे तो आप अपने शरीर का आदर करेंगे, अपने मन का आदर करेंगे, अपनी आत्मा का सम्मान करेंगे। जब आप विवेकी होंगे तो आपका जीवन आपके हृदय से नियंत्रित होगा, आप दिमाग नहीं दिल से काम लेंगे। तब आप अपनी प्रसन्नता या प्रेम का गला नहीं घोटेंगे। सारे अपराधबोध और दोषों से मुक्त होकर अपने खिलाफ परख नहीं करेंगे। किसी दूसरे की परख नहीं करेंगे। उसी क्षण से, आपको अप्रसन्न करनेवाले सारे विश्वास, जीवन के संघर्ष में धकेलने और जीवन को कठिन बनानेवाले विश्वास कहीं ओझल हो जाएँगे।

आप जो नहीं हैं, उससे जुड़ी सारी सोच को पीछे करते हुए वह बनें, जो आप वास्तव में हैं। जब आप अपनी प्रकृति के आगे हथियार डाल देते हैं, अपने असली रूप को स्वीकार करते हैं तो आपके जीवन में कष्ट नहीं रहता। जब आप अपने असली रूप के साथ होते हैं, आप जीवन के लिए और ईश्वर के लिए समर्पण करते हैं और जब आप एक बार समर्पण कर देते हैं तो कोई संघर्ष नहीं बचता, कोई विरोध नहीं बचता, कोई कष्ट शेष नहीं रहता।

जब आप विवेक का दामन थामते हैं तो आपके लिए वही बनना आसान हो जाता है, जो आप असल में हैं। कष्ट और कुछ नहीं केवल ईश्वर का प्रतिरोध है। आप जितना अधिक विरोध करेंगे, आप उतना अधिक कष्ट पाएँगे। यह बहुत सरल सी बात है।

ज़रा सोचें कि आप एक दिन सोकर उठते हैं, आप सपने से जागते हैं और आप पूरी तरह से स्वस्थ हैं। अब आपके मन में घाव नहीं, आप भावात्मक विष से नहीं भरे। सोचें कि उस समय आपको कितनी आज़ादी अनुभव होगी। हर चीज़ आपको जीवंत और प्रसन्न करेगी, चाहे आप जहाँ भी हों। क्यों? क्योंकि स्वस्थ व्यक्ति को अपना प्रेम प्रकट करने से भय नहीं होता। आपको जीवंत होने से भय नहीं लगता, आप प्रेम करने से नहीं डरते। सोचें कि आपका जीवन कैसा होगा, आप अपने निकटतम लोगों से कैसे पेश आनेवाले हैं, जब आपके भावात्मक शरीर में वे घाव

और विष नहीं होगा।

संसारभर के रहस्यमयी दर्शनों में इसे सजगता या जागरूकता कहा गया है। मानो आप एक दिन उठें और आप भावात्मक विष से परे हों। जब आपके शरीर में वे भावात्मक विष नहीं होते, तो सीमाएँ ओझल हो जाती हैं और आपको हर चीज़ उसके असली रूप में दिखने लगती है, चाहे वह आपके विश्वास तंत्र के अनुसार हो या न हो।

जब आँखें खोलते ही आपको वे घाव नहीं दिखते, आपको उनमें भरा विष नहीं दिखता, तो अपना मान बढ़ाने के लिए हर किसी को यह न कहेंगे कि आप कितने समझदार हैं और न ही उन लोगों का उपहास करेंगे, जो उन झूठों पर भरोसा करते हैं। जब आप नींद से उठेंगे तो आपको साफ दिखेगा कि सपना सच नहीं है। आप आँखें खोलते हैं, आप सजग हैं और हर चीज़ स्पष्ट हो जाती है।

जब आप जाग जाते हैं तो आप उस सीमा तक आ जाते हैं, जिससे वापसी संभव नहीं है और आप संसार को फिर कभी उसी रूप में नहीं देख सकेंगे। आप अब भी सपना देख रहे हैं - क्योंकि आप सपने से बच नहीं सकते क्योंकि सपना मन का काम है - बस अब अंतर इतना है कि आपको पता है कि आप सपना देख रहे हैं। यह जानने के बाद आप सपने का आनंद ले सकते हैं या उससे कष्ट पा सकते हैं, यह आप पर निर्भर करता है।

यह सजगता उस पार्टी की तरह है, जिसमें हज़ारों लोग शामिल हैं पर आपके सिवा सभी नशे में धुत्त हैं। आप उस पार्टी में अकेले ऐसे व्यक्ति हैं जो नशे में नहीं है। यही सजगता है क्योंकि अधिकतर इंसान इस दुनिया को अपने भावात्मक घावों तथा भावात्मक विष के साथ देखते हैं। उनके पास यह जानने की सजगता नहीं है कि वे नर्क के सपने में जी रहे हैं। उन्हें नहीं पता कि वे एक सपने में हैं, जिस तरह पानी में रहनेवाली मछली को यह नहीं पता होता कि वह पानी में रह रही है।

जब हम जागते हैं तो हम उस पार्टी में इकलौते ऐसे इंसान हैं, जो नशे में नहीं है, तब हमें करुणा दिखानी होगी क्योंकि पहले कभी हम भी नशे में थे। हमें दूसरों को परखने की आवश्यकता नहीं। नर्क में रहनेवालों का उपहास नहीं करना क्योंकि पहले कभी हम भी वहीं थे।

जब आप जागते हैं तो आपका हृदय आत्मा, प्रेम और जीवन की अभिव्यक्ति हो जाता है। जब आपको यह पता चलता है कि आप ही जीवन हैं। जब आपको

पता चलता है कि आप ही वह शक्ति हैं, जो जीवन है तो कुछ भी संभव हो सकता है। चमत्कार हर पल घटते हैं क्योंकि वे चमत्कार दिल से संपन्न होते हैं। दिल का मनुष्य की आत्मा से प्रत्यक्ष संप्रेषण होता है और जब दिल बोलता है तो कई बार आपके भीतर दिमाग का प्रतिरोध भी शांत हो जाता है। आपका हृदय, दूसरे इंसान के हृदय को भी खोल देता है और सच्चा प्रेम संभव हो पाता है।

***

भारत में भगवान ब्रह्मा के बारे में एक प्राचीन कथा कही जाती है। वे पूरी तरह से अकेले थे। उनके सिवा कोई नहीं था और वे बहुत एकरसता महसूस करने लगे। तब उन्होंने एक लीला रचने की सोची पर उनके साथ वह लीला करने के लिए कोई था ही नहीं। फिर उन्होंने केवल लीला करने और खेलने के लिए माया नामक देवी को रचा। जब माया उपस्थित हुई तो ब्रह्मा जी ने उसे बताया कि उसे क्यों रचा गया था। माया ने कहा, 'ठीक है, चलिए हम मिलकर यह अद्‌भुत खेल खेलते हैं। आपको वही करना होगा, जो मैं आपसे कहूँगी।' ब्रह्मा जी मान गए और माया के निर्देशों का पालन करने लगे। उन्होंने सारा ब्रह्माण्ड रचा। चंद्रमा, सितारे और सूर्य बनाया। ग्रहों और नक्षत्रों की रचना की। फिर उन्होंने धरती पर जीवन दिया: पशु, सागर, जलवायु, सब कुछ बनाया।

माया ने कहा, 'यह माया से बना संसार कितना सुंदर है। अब मैं चाहती हूँ कि आप ऐसे प्राणी की रचना करें, जो इतना समझदार और सजग हो कि आपकी सृष्टि की प्रशंसा कर सके।' अंत में ब्रह्मा जी ने इंसानों को बनाया और अपना काम पूरा होने के बाद उन्होंने माया से पूछा कि खेल कब आरंभ होगा।

वह बोली, 'हम इसे अभी आरंभ करेंगे।' उसने ब्रह्मा जी के हज़ारों नन्हे टुकड़े किए और उन्हें हर मनुष्य के अंदर डालकर बोली, 'अब यह लीला चालू होगी। मैं आपको यह भुला दूँगी कि आप कौन हैं, आपको अपने आपको खोजना होगा।' माया ने स्वप्न रचा और यहाँ तक कि आज भी, ब्रह्मा यह याद करने की कोशिश में हैं कि वे कौन हैं। ब्रह्मा आपके भीतर है और माया आपको यह याद नहीं करने देती कि आप कौन हैं।

जब आप सपने से जागते हैं, तो आप फिर से ब्रह्मा हो जाते हैं और अपनी दिव्यता का दावा करते हैं। फिर अगर आपके भीतर बसा ब्रह्मा आपसे कहता है, 'ठीक है, मैं जाग गया परंतु मेरे बाकी अंशों का क्या होगा?' आप माया का खेल जानते हैं और आप इस सच को उन लोगों से बाँट सकते हैं, जो जागनेवाले हैं।

अगर पूरी पार्टी में दो लोग नशे में न हों तो वे मिलकर अच्छा समय बिता सकते हैं। अगर ऐसे तीन लोग हुए तो आनंद और अधिक होगा। आपके साथ शुरुआत करते है। फिर बाकी लोग भी बदलेंगे और इस तरह सारा सपना, सारी पार्टी नशे के असर से बाहर होगी।

***

भारत से आनेवाली शिक्षाएँ, टॉलटेक, ईसाईयों और ग्रीकों से मिला ज्ञान- दुनियाभर के समाजों से आया ज्ञान - उस एक ही सच की उपज है। वे आपके दिव्यता को फिर से पाने का दावा करते हैं और कहते हैं कि वे आपके भीतर बसे ईश्वर को खोज सकते हैं। वे आपके हृदय को मुक्त कर विवेकवान बनाने की बात करते हैं। क्या आप कल्पना कर सकते हैं कि यह दुनिया तब कैसी होगी जब सारे मनुष्य उन्मुक्त हृदय से अपने भीतर बसे प्यार को पा लेंगे। बेशक, हम ऐसा कर सकते हैं। हर कोई अपने तरीके से ऐसा कर सकता है। आपको किसी थोपे हुए विचार के पीछे नहीं जाना; यह आपकी अपनी खोज से जुड़ा है। आपको अपने आपको एक खास तरीके से प्रस्तुत करना है। यही वजह है कि आपका जीवन एक कला है। टॉलटेक का अर्थ है : 'आत्मा का कलाकार।' टॉलटेक लोग ही ऐसे हैं जो दिल से अपनी बात कह सकते हैं, उनके पास बेशर्त प्रेम है।

आप जीवंत हैं क्योंकि ईश्वर की शक्ति आपके पास है, जो जीवन की शक्ति है। आप ही वह शक्ति हैं जो जीवन है, परंतु आप मन के स्तर पर सोचने की योग्यता रखते हैं इसलिए आप भूल गए हैं कि आप वास्तव में कौन हैं। तब किसी को देखकर यह कहना आसान हो जाता है, 'ओह, यह भगवान है। भगवान ही हर चीज़ के लिए उत्तरदायी है, वही मेरी रक्षा करेगा।' नहीं, ईश्वर तो आपको यही बताने आया है कि वह आपके भीतर है- वह आपको जगाने आया है ताकि आप अपने चुनाव कर सकें, अपने भय से उबरकर आगे जा सकें और उन्हें बदल सकें क्योंकि अब आपको प्रेम से भय नहीं लगता। इंसानों के सभी भय में से, प्रेम का भय ही सबसे बड़ा होता है। क्यों? क्योंकि ग्रह के सपने में, एक टूटे हुए दिल का अर्थ है, 'बेचारा'।

शायद आप सोच सकते हैं, 'यदि हम सही मायनों में जीवन या ईश्वर हैं तो हम इसे जानते क्यों नहीं?' क्योंकि हमें इस तरह प्रोग्राम किया गया है कि हम इसे जान न सकें। हमें सिखाया गया है, 'तुम एक मनुष्य हो और तुम सीमाओं से बंधे हो।' तब हम अपने ही भय से अपनी संभावनाओं को सीमाओं में बाँध देते हैं। आप

वही हैं जो आप स्वयं को मानते हैं। मनुष्य शक्तिशाली जादूगर होते हैं। जब आप अपने पर भरोसा करते हैं, तो आप मान सकते हैं कि आप ही जीवन, ईश्वर और अभिप्राय हैं। आपके पास ही सब कुछ रचने की शक्ति है। परंतु इस शक्ति को आपका तार्किक मन नहीं बल्कि आपका विश्वास पोषित करता है।

आपने देखा, हर चीज़ एक विश्वास है। हमारे विश्वास ही हमारे अस्तित्व पर राज करते हैं, हमारे जीवन पर राज करते हैं। हम जो विश्वास तंत्र बनाते हैं, वह एक छोटे बॉक्स की तरह है जिसमें हम स्वयं को बंद कर देते हैं। हम बच नहीं सकते क्योंकि हम मानते हैं कि हम नहीं बच सकते। यही हमारे हालात हैं। इंसान अपनी सीमा आप ही बनाता है। हम ही कहते हैं कि यह मानवीय रूप से संभव है, यह मानवीय रूप से संभव नहीं है। फिर जब हम उस बात पर भरोसा करने लगते हैं तो वही हमारा सच बन जाता है।

टॉलटेक की भविष्यवाणियों ने एक नई दुनिया के आरंभ को देखा था, एक नई मानवता, जिसमें मनुष्य अपने ही विश्वासों की जिम्मेदारी लेते हैं, अपने ही जीवन की जिम्मेदारी लेते हैं। समय आ रहा है, जब आप स्वयं ही अपने गुरु होंगे। आपको दूसरे इंसानों की ज़रूरत नहीं होगी, जो आपको बता सकें कि ईश्वर की क्या इच्छा है। अब बिना किसी बिचौलिए के आप और ईश्वर आमने-सामने होंगे। आप भगवान को खोज रहे हैं, वे आपको अपने भीतर मिलेंगे। अब भगवान कहीं और नहीं, केवल आपके अंदर बसते हैं।

जब आप जान लेते हैं कि आपके भीतर समाया जीवन ही आपकी शक्ति है, तो आप अपनी दिव्यता को स्वीकार करते हैं और फिर भी आप विनम्र बने रहते हैं क्योंकि आपको दूसरों में भी वही विनम्रता दिखाई देती है। आप देख सकते हैं कि भगवान को समझना कितना सरल है क्योंकि हर चीज़ ईश्वर की अभिव्यक्ति है। यह शरीर मरनेवाला है, मन भी विलीन होगा पर आप नहीं होंगे। आप अमर हैं; आप विभिन्न रूपों में इस धरती पर बने रहेंगे क्योंकि आप जीवन हैं और जीवन कभी नहीं मरता। आप पेड़ों, तितलियों, मछलियों, वायु, चंद्रमा और सूर्य में बसे हैं। आप जहाँ भी जाते हैं, आप वही हैं और अपनी प्रतीक्षा कर रहे हैं।

आपका शरीर एक मंदिर है, एक जीता-जागता मंदिर, जिसमें ईश्वर का वास है। आप मन एक जीता-जागता मंदिर है जिसमें ईश्वर रहता है। ईश्वर आपके साथ जीवन की तरह रह रहा है। ईश्वर आपके भीतर है, इसका प्रमाण यही है कि आप जीवंत हैं। आपका जीवन इसका प्रमाण है। बेशक आपके मन में कचरा और

भावात्मक विष भरा है, परंतु उसमें ईश्वर का भी निवास है।

आपको ईश्वर तक जाने के लिए कुछ करने की आवश्यकता नहीं है। आपको प्रबोध पाने और जागरूक होने के लिए भी कुछ नहीं करना है। ऐसा कोई नहीं जो आपको ईश्वर तक ले जा सके, जो आपसे यह कहता है कि वह आपको ईश्वर तक ले जाएगा, वह झूठ बोल रहा है। क्योंकि आप तो पहले से ईश्वर के पास हैं और आप चाहें न चाहें, मानें न या न मानें, ईश्वर सदा आपके साथ है।

बस आपको जीवन का आनंद लेना है, जीवंत रहना है ताकि आप अपने भावात्मक घावों का उपचार करते हुए ऐसा जीवन रच सकें कि आप अपने भीतर सारे प्रेम को खुलकर बाँट सकें।

सारी दुनिया आपको प्रेम कर सकती है पर उससे आपको प्रसन्नता नहीं मिलेगी। आपको अपने भीतर से आनेवाले प्रेम से प्रसन्नता मिलेगी। वही प्रेम सबसे बड़ा अंतर ला सकता है, दूसरों के प्रेम से यह अंतर नहीं आनेवाला। दूसरों के लिए आपका प्रेम आधा है, बाकी आधा वृक्ष, कुत्ता या फिर बादल हो सकता है। आप आधा हिस्सा हैं, बाकी आधा वह है जिसका आप बोध रखते हैं। आप आधे हिस्से के रूप में सपना देखनेवाले हैं और बाकी आधा हिस्सा, आपका सपना है।

आप सदा प्रेम करने को मुक्त हैं। अगर आप किसी संबंध में आना चाहते हैं और आपका साथी भी इसी तरह खेल रहा है तो यह आपके लिए किसी उपहार से कम नहीं होगा। जब आपका संबंध नर्क से बाहर होगा, तो आप स्वयं से इतना प्रेम करेंगे कि एक-दूसरे की ज़रूरत नहीं रहेगी। आप अपनी मर्जी से एक साथ रहते हुए सौंदर्य रचेंगे और आप दोनों मिलकर स्वर्ग का सपना बनाएँगे।

आपने पहले ही भय और आत्म-अस्वीकृति को साध लिया है; अब आप आत्म-प्रेम की ओर वापस आ रहे हैं। आप अपने आत्म-प्रेम के साथ इतने सशक्त हो सकते हैं कि आपका निजी सपना भय को प्रेम में और कष्ट को प्रसन्नता में बदल दे। फिर सूर्य की तरह आप सबको प्रकाश और ऊष्मा प्रदान करेंगे, जो पूरी तरह से बेशर्त होगा। जब आप बिना किसी शर्त के प्रेम करते हैं, तो आप मनुष्य, ईश्वर, जीवन की उस आत्मा से एकात्म हो सकते हैं, जो आपके भीतर से गुज़र रही है। आपका जीवन आत्मा की सुंदरता की अभिव्यक्ति बन जाता है। यह जीवन और कुछ नहीं बल्कि एक सपना है और यदि आप अपने जीवन को प्रेम से रच सके, तो आपका यह सपना कला का मास्टरपीस बन सकता है।

प्रार्थनाएँ

कृपया कुछ क्षण के लिए अपनी आँखें बंद करें और हृदय को उन्मुक्त करें, अपनी ओर आनेवाले सारे प्रेम को अनुभव करें।

मैं चाहता हूँ कि आप मेरे साथ उन प्रार्थनाओं में शामिल हों, जिनके माध्यम से हम अपने सर्जक के साथ संप्रेषण को अनुभव कर सकते हैं।

अपने ध्यान को फेफड़ों पर केंद्रित करें, मानो उनके सिवा किसी और का वजूद न हो। जब आपके फेफड़े इंसानी शरीर की सबसे बड़ी ज़रूरत, साँस को लेने के लिए पूरी तरह से खुलें तो उस आनंद को अनुभव करें।

गहरी साँस भरकर महसूस करें कि हवा आपके फेफड़ों में भर रही है। महसूस करें कि यह हवा प्रेम से बनी है। हवा और फेफड़ों के बीच संबंध को महसूस करें, यह प्रेम का संबंध है। अपने फेफड़ों में तब तक हवा भरें, जब तक शरीर को हवा बाहर निकालने की ज़रूरत महसूस न हो। फिर साँस छोड़ते हुए फिर से आनंद को अनुभव करें। जब हम मनुष्य शरीर की किसी भी माँग को पूरा करते हैं, तो इससे हमें आनंद मिलता है। साँस लेने से हमें आनंद मिलता है। केवल प्रसन्न रहने और जीवन का आनंद पाने के लिए साँस लेना ही काफी है। केवल जीवंत रहना ही बहुत है। जीवित रहने के आंनद को अनुभव करें, प्रेम को महसूस करने का आनंद ...

सजगता के लिए प्रार्थना

हे ब्रह्माण्ड के सर्जक, आज हम तुझसे विनती करते हैं कि तू हमारी आँखें और दिल खोल दे ताकि हम तेरी सृष्टि का आनंद लेते हुए, तेरे साथ अनंत प्रेम में जी

सकें। हमारी मदद कर कि हम अपनी आँखों, कानों, हृदय और सारी इंद्रियों से तुझे देख सकें, तेरा अनुभव ले सकें। हमें प्रेमभरी दृष्टि दे ताकि हमें हर जगह तू दिखे और हर रचना में तेरा रूप झलके। हमें हमारे शरीर की हर कोशिका में, हमारे मन के हर भाव में, हर सपने में, हर फूल में, हमसे मिलनेवाले हर इंसान में तू दिखाई दे। तू हमसे छिप नहीं सकता क्योंकि तू हर ओर है और हम तेरे साथ एकरूप हैं। हमें इस सच का एहसास करवा।

हमें हमारी उस शक्ति से मिलवा, जिससे हम स्वर्ग का सपना रच सकें, जिसमें सब कुछ संभव होता है। हमारी मदद कर ताकि हम अपनी कल्पना से जीवन के सपने को दिशा दे सकें, अपनी सृष्टि के जादू को दिशा दे सकें ताकि हमारे मन में कोई गुस्सा, जलन या बैर न रहे। हमें प्रकाश दे और आज वह आखिरी दिन हो जब हमारी प्रेम और प्रसन्नता की तलाश पूरी हो जाए। आज कुछ ऐसा असाधारण घटे जो हमारे जीवन को हमेशा के लिए बदल दे - हम जो भी कहें या करें, वह हमारे हृदय में छिपी सुंदरता की अभिव्यक्ति हो और सदा प्रेम पर आधारित हो।

हमारी मदद करें ताकि हम वही बन सकें, जो आप हैं, उसी तरह प्रेम कर सकें जैसे आप करते हैं, प्रेम और सुंदरता का मास्टरपीस बना सकें, उसी तरह जिस तरह आपकी सारी सृष्टि प्रेम और सुंदरता का मास्टरपीस है। आज से आरंभ करते हुए, धीरे-धीरे समय के साथ, हमारे प्रेम की शक्ति को बढ़ाने में मदद करें ताकि हम कला का मास्टरपीस बना सकें - हमारा अपना जीवन। हे परमात्मा, हम अपना सारा प्रेम और आभार तुम्हें सौंपते हैं क्योंकि तुमने हमें जीवन दिया। आमीन।

आत्म-प्रेम के लिए प्रार्थना

ब्रह्माण्ड के रचियता, आज हम तुमसे यह माँगते हैं कि हम स्वयं को बिना किसी परख के उसी रूप में स्वीकार कर सकें, जैसे हम हैं। हमें हमारे मन को हमारे भावों, उम्मीदों और सपनों, हमारे व्यक्तित्व और हमारे अनूठे अस्तित्व के साथ उसी रूप में स्वीकार करने में मदद करें, इसे इसकी सारी सुंदरता और संपूर्णता के साथ पाने में मदद करें। हमारा अपने लिए प्रेम इतना गहरा हो कि हम कभी अपनी प्रसन्नता, आज़ादी और प्रेम को नकार न सकें।

अब से, हर क्रिया, प्रतिक्रिया, विचार और भाव प्रेम पर आधारित हो। हे सर्जक, हमारी सहायता कर कि हम अपने आत्म-प्रेम को तब तक बढ़ा सकें, जब तक हमारे जीवन का सपना भय और तमाशे से प्रेम और आनंद में न बदल जाए। हमारे आत्म-प्रेम की शक्ति इतनी गहरी हो कि हम वे सभी झूठ तोड़ सकें, जो हमारे

भीतर भरे गए- वे सभी झूठ, जिनमें कहा गया कि हम अच्छे नहीं हैं, हम मज़बूत या भरपूर नहीं हैं, हम समझदार नहीं हैं कि कुछ भी कर सकें। हमारे आत्म-प्रेम की शक्ति इतनी गहरी हो कि हमें अपना जीवन दूसरे लोगों की राय के हिसाब से न जीना पड़े। हमें अपने पर पूरा भरोसा हो ताकि हम वे सब चुनाव कर सकें, जो हम करना चाहते हैं। अपने आत्म-प्रेम के साथ हमें अपने जीवन की किसी भी जिम्मेदारी या चुनौती को स्वीकार करने में डर न लगे। हम जो भी पाना चाहें, वह हमारे लिए आत्म-प्रेम की शक्ति से संभव हो।

आज से आरंभ करते हुए, हमें स्वयं से इतना प्रेम करने में सहायक हों कि हम कभी ऐसे हालात पैदा न करें, जो हमारे खिलाफ जाते हों। हमें अपना जीवन अपनी तरह से जीते हुए, ऐसा दिखावा न करना पड़े कि दूसरे हमें स्वीकारें। अब हमें दूसरों से यह जानने की आवश्यकता नहीं कि हम अच्छे हैं क्योंकि हम पहले से यह जानते हैं। अपने आत्म-प्रेम की शक्ति के साथ, हम जब भी दर्पण में स्वयं को देखें तो अपना आनंद उठा सकें। हमारे चेहरे पर बड़ी सी मुस्कान हो, जो हमारे आंतरिक और बाहरी सौंदर्य को जगमगा दे। हमें अपने लिए ऐसे गहरे आत्म-प्रेम को समझने की शक्ति दें कि हम सदा अपनी उपस्थिति का आनंद उठा सकें।

हम स्वयं को बिना किसी परख के प्रेम कर सकें क्योंकि जब हम दूसरों को परखते हैं, तो हम दोषारोपण और अपराधबोध को अपने साथ ले लेते हैं, हमें सजा पाने की इच्छा होती है और हम आपके प्रेम के बोध को भुला देते हैं। हमारी संकल्प शक्ति को मज़बूत करें कि हम इस क्षण में स्वयं को क्षमा कर सकें। हमारे मन से भावात्मक विष को हटा दें ताकि हम अपने साथ पूरे प्रेम और शांति से जी सकें।

हमारा आत्म-प्रेम ही वह शक्ति बने, जो हमारे जीवन के सपने को बदल दे। हमारे हृदयों की इस नई शक्ति के साथ, हम अपने साथ बने हुए हर संबंध को बदल दें और यह हमारे साथ संबंध से आरंभ हो। हमें मदद करें कि हम अपने साथ किसी भी संघर्ष से उबर सकें। अपने प्रियजन के साथ जीवन का आनंद लें और अगर उनसे कोई भूल हुई हो तो उसे क्षमा कर दें। हम स्वयं से इतना प्रेम करें कि जीवन में ठेस देनेवाले किसी भी व्यक्ति को क्षमा कर सकें।

हमें साहस दो कि हम अपने परिवार और दोस्तों को बेशर्त प्यार दे सकें और सकारात्मक व स्नेही रूप से, उनके साथ अपने संबंध में बदलाव ला सकें। हमें अपने संबंधों में संप्रेषण के नए साधन बनाने में मदद कर ताकि हमारे बीच एक-दूसरे को नियंत्रित करने की जंग न हो, कोई पराजित या कोई विजेता न हो। हम मिलकर एक

टीम के रूप में प्रेम, आनंद और आपसी तालमेल के लिए काम करें।

हमारे परिवार और दोस्तों के साथ हमारे संबंध आनंद और सम्मान पर आधारित हों ताकि हमें उन्हें कभी यह न बताना पड़े कि वे कैसे सोचें या कैसे बनें। हमारा रोमानी संबंध सबसे अद्‌भुत हो; हम अपने साथी के साथ हमेशा आनंद बाँट सकें। हमें दूसरों को उसी रूप में स्वीकार करने का साहस दें, जैसे वे हैं। हम उनकी परख न करें, जब हम उन्हें नकारते हैं, तो हम स्वयं को नकारते हैं। जब हम स्वयं को नकारते हैं तो हम तुझे नकारते हैं।

आज एक नया आरंभ है। हमें आत्म-प्रेम की शक्ति के साथ जीवन को नए सिरे से आरंभ करने में मदद करो। हमें जीवन का आनंद लेने, संबंधों का आनंद लेने, जीवन की खोज करने, जोखिम उठाने, जीवंत रहने और प्रेम के डर के बिना जीने में मदद करो। हम उस प्रेम के लिए अपने हृदय को खोल सकें, जो हमारा जन्मसिद्ध अधिकार है। हमें आभार, उदारता और प्रेम के स्वामी बनने में मदद करो ताकि हम सदा-सदा के लिए तेरी सृष्टि और रचना का आनंद उठा सकें। आमीन!

लेखकों के विषय में

डॉन मिग्युअल रूइज़, द फोर एग्रीमेंट्स, द फोर एग्रीमेंट्स कंपेनियन बुक, द मास्टरी ऑफ लव, द वॉयस ऑफ नॉलेज, द सर्कल ऑफ फायर और द फिफ्थ एग्रीमेंट (डॉन जोस रूइज़ सहित) के इंटरनेशनल बेस्टसेलिंग लेखक हैं। उनकी पुस्तकों की यू.एस. में दस मिलियन से अधिक बिक्री हो चुकी है और उन्हें दुनियाभर की चालीस भाषाओं में अनूदित किया गया है।

लेखक ने अपना पूरा जीवन प्राचीन टॉलटेक प्रज्ञा को पाठकों तक पहुँचाने के लिए समर्पित कर दिया है। आज, वे निरंतर इस प्राचीन प्रज्ञा तथा आधुनिक युग की सजगता के अनूठे मिश्रण को अपने व्याख्यानों, कार्यशालाओं तथा संसार के पवित्र स्थलों की यात्रा के माध्यम से बाँट रहे हैं। यदि आप लेखक और उनके और उनके पुत्र डॉन जोस रूइज की ओर से चलाए जा रहे कार्यक्रमों के विषय में जानकारी पाना चाहते हैं तो निम्नलिखित पते पर संपर्क करें :

MiguelRuiz.bom

***

जेनेट मिल्स एंबर-एलन पब्लिशिंग की संस्थापक हैं। वे डॉन मिग्युअल रूइज़ के साथ द टॉलटेक विज़डम सीरीज़ की छह पुस्तकों का सह-लेखन कर चुकी हैं। उन्होंने 'द फोर एग्रीमेंट्स फॉर ए बेटर लाइफ' का ऑनलाइन कोर्स तैयार किया है। वे दीपक चोपड़ा के बेस्टसेलिंग शीर्षक, 'द सेवन स्पिरिचुअल लॉज़ ऑफ सक्सेस' की संपादिका भी रही हैं। उनके जीवन का मिशन यही है कि सुदंरता, अखंडता और प्रज्ञा से सजी पुस्तकों को प्रकाशित किया जाए और दूसरों को प्रेरित किया जाए ताकि वे अपने सपने साकार कर सकें।

यह पुस्तक पढ़ने के बाद आप अपना अभिप्राय (विचार सेवा) इस Mail ID पर भेज सकते हैं ... books.feedback@tejgyan.org

तेजज्ञान फाउण्डेशन - परिचय

तेजज्ञान फाउण्डेशन आत्मविकास से आत्मसाक्षात्कार प्राप्त करने का एक रास्ता है। इसके लिए सरश्री द्वारा एक अनूठी बोध पद्धति (System for Wisdom) का सृजन हुआ है। इस पद्धति को अन्तर्राष्ट्रीय मानक ISO 9001:2015 के आवश्यकताओं एवं निर्देशों के अनुरूप ढालकर सरल, व्यावहारिक एवं प्रभावी बनाया गया है।

इस संस्था की बोध पद्धति के विभिन्न पहलुओं (शिक्षण, निरीक्षण व गुणवत्ता) को स्वतंत्र गुणवत्ता परीक्षकों (Quality Auditors) द्वारा क्रमबद्ध तरीके से जाँचा गया। जिसके बाद इन पहलुओं को ISO 9001:2015 के अनुरूप पाकर, इस बोध पद्धति को प्रमाणित किया गया है।

फाउण्डेशन का लक्ष्य आपको नकारात्मक विचार से सकारात्मक विचार की ओर बढ़ाना है। सकारात्मक विचार से शुभ विचार यानी हॅपी थॉट्स (विधायक आनंदपूर्ण विचार) और शुभ विचार से निर्विचार की ओर बढ़ा जा सकता है। निर्विचार से ही आत्मसाक्षात्कार संभव है। शुभ विचार (Happy Thoughts) यानी यह विचार कि 'मैं हर विचार से मुक्त हो जाऊँ।' शुभ इच्छा यानी यह इच्छा कि 'मैं हर इच्छा से मुक्त हो जाऊँ।'

यदि आप ऐसा ज्ञान चाहते हैं, जो सामान्य ज्ञान के परे हो, जो हर समस्या का समाधान हो, जो सभी मान्यताओं से आपको मुक्त करे, जो आपको ईश्वर का साक्षात्कार कराए, जो आपको सत्य पर स्थापित करे तो समय आ गया है तेजज्ञान को जानने का। समय आ गया है शब्दोंवाले सामान्य ज्ञान से उठकर तेजज्ञान का अनुभव करने का।

तेजज्ञान फाउण्डेशन – परिचय

हॅपी थॉट्स तेजज्ञान यूट्यूब चैनल

महाआसमानी - अल्प परिचय

Self Delelopment to Self Realization

Towords Self Stabilizaion

क्या आपको उच्चतम आनंद पाने की इच्छा है? ऐसा आनंद, जो किसी कारण पर निर्भर नहीं है, जिसमें समय के साथ केवल बढ़ोतरी ही होती है? क्या आप इसी जीवन में प्रेम, विश्वास, शांति, समृद्धि और परमसंतुष्टि पाना चाहते हैं? क्या आप शारीरिक, मानसिक, सामाजिक, आर्थिक और आध्यात्मिक इन सभी स्तरों पर सफलता हासिल करना चाहते हैं? क्या आप 'मैं कौन हूँ' इस सवाल का जवाब अनुभव से जानना चाहते हैं?

यदि आपके अंदर इन सवालों के जवाब जानने और 'अंतिम सत्य' पाने की प्यास जगी है तो तेजज्ञान फाउण्डेशन द्वारा आयोजित 'महाआसमानी परम ज्ञान शिविर' में आपका स्वागत है। यह शिविर पूर्णतः सरश्री की शिक्षाओं पर आधारित है।

महाआसमानी परम ज्ञान शिविर का उद्देश्य :

इस शिविर का उद्देश्य है, विश्व का हर इंसान 'मैं कौन हूँ' इस सवाल का जवाब जानकर सर्वोच्च आनंद में स्थापित हो जाए। उसे ऐसा ज्ञान मिले, जिससे वह हर पल वर्तमान में जीने की कला प्राप्त करे। भूतकाल का बोझ और भविष्य की चिंता इन दोनों से मुक्त हो जाए। हर इंसान को जीवन में स्थाई खुशी और सही समझ मिले। साथ ही उसे समस्याओं को विलीन करने की कला आ जाए। मनुष्य जीवन का उद्देश्य पूर्ण हो। 'मैं कौन हूँ? मैं यहाँ क्यों हूँ? मोक्ष का अर्थ क्या है? क्या इसी जन्म में मोक्ष प्राप्ति संभव है?' यदि ये सवाल आपके अंदर हैं तो महाआसमानी परम ज्ञान शिविर इसका जवाब है।

महाआसमानी– अल्प परिचय

हैपी थॉट्स सरश्री (इंग्लिश) यूट्यूब चैनल

सरश्री द्वारा रचित पुस्तकों की जानकारी

सरश्री ने विविध विषयों पर 150 से अधिक पुस्तकों का लेखन किया है, जिनमें से 'विचार नियम', 'विश्वास नियम' 'स्वसंवाद का जादू', 'स्वयं का सामना', 'स्वीकार का जादू', 'निर्णय और ज़िम्मेदारी', 'निःशब्द संवाद का जादू', 'संपूर्ण ध्यान' आदि पुस्तकें बेस्टसेलर बन चुकी हैं। इनमें से कुछ पुस्तकें दस से अधिक भाषाओं में अनुवादित की जा चुकी हैं और प्रमुख प्रकाशकों द्वारा प्रकाशित की गई हैं, जैसे पेंगुइन बुक्स, जैको बुक्स, मंजुल पब्लिशिंग हाऊस, प्रभात प्रकाशन, राजपाल ऍण्ड सन्स, पेंटागॉन प्रेस, सकाळ प्रकाशन इत्यादि।

विचार नियम
आपकी कामयाबी का रहस्य

विश्वास नियम
सर्वोच्च शक्ति के सात नियम

मौन नियम
स्वयं को जानने का निःशब्द उपाय

पुस्तकें ऑर्डर करने के लिए लॉग इन करें

- www.gethappythoughts.org

पुस्तकों की अधिक जानकारी के लिए संपर्क करें-

फोन नं.: 09011013210

तेजज्ञान फाउण्डेशन द्वारा प्रस्तुत सोशल मीडिया ऐक्टिविटिज

तेजज्ञान इंटरनेट रेडियो

२४ घंटे और ३६५ दिन सरश्री के प्रवचन और भजनों का लाभ लें, तेजज्ञान इंटरनेट रेडियो द्वारा। देखें लिंक

http://www.tejgyan.org internetradio.aspx

Tejgyan Internet Radio on all platforms like Android, iPhone, iPad and Amazon

---

यू टयूब द्वारा प्रार्थना में शामिल हो सकते हैं

गुड मॉर्निंग प्रेयर हर रोज़ सुबह 6.15am-6.25am

ध्यान प्रार्थना बीज :

3.30pm-3.45pm & 9pm -9.15pm

शिविर - Train & Boost Your Immunity

जितनी हमारी इम्यूनिटी स्ट्राँगर, उतना हमारा स्वास्थ्य बेहतर

शिविर – श्राद्ध और पितृदोष युक्ति

पूर्वजों के लिए मुक्ति प्रार्थना कैसे करें

Liberation from Ancestral Karmic Bondage

शिविर – हॅपीवाले रिश्ते

जीवित रिश्तों का लक्ष्य

– जितृ पक्ष

यू ट्यूब पर सरश्री के प्रवचनों का लाभ लेने के लिए आज ही यू ट्यूब चैनल को सबस्क्राइब करें।

YouTube channels

Happy Thoughts - Tejgyan

Sirshree - Tejgyan

Happy Thoughts - Parma Gyan

*****Voice of Happy Thoughts App**

Registration link : https://happythoughts.co/

Contact No. : 7447797317

Follow Us